AF226735

LA RÉPUBLIQUE PLÉBISCITAIRE

MÉMOIRE SUR LES MOYENS PRATIQUES
D'ARRIVER
A L'ANÉANTISSEMENT DE LA PUISSANCE JUIVE
EN FRANCE

Par A.-J. JACQUET

Avec une Préface de

PAUL DÉROULÈDE

NOUVELLE ÉDITION

GAINCHE, Imprimeur-Éditeur

15, rue de Verneuil, Paris

1902

LA RÉPUBLIQUE PLÉBISCITAIRE

MÉMOIRE SUR LES MOYENS PRATIQUES

D'ARRIVER

A L'ANÉANTISSEMENT DE LA PUISSANCE JUIVE

EN FRANCE

Par A.-J. JACQUET

Avec une Préface de

PAUL DÉROULÈDE

NOUVELLE ÉDITION

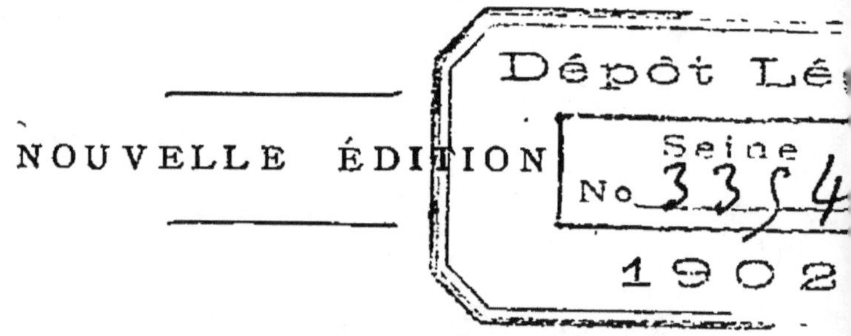

Jean GAINCHE, Imprimeur-Éditeur

15, rue de Verneuil, Paris

1902

PRÉFACE

Il y a de longues années que je suis Républicain Plébiscitaire. Ce ne fut guère pourtant que le 23 décembre 1892 que j'expliquai pour la première fois ma théorie à la tribune de la Chambre des Députés.

Au sortir de la séance, moins orageuse de beaucoup que la séance de juillet 1899 où j'exposai une seconde fois les mêmes doctrines, un de mes collègues, moins indigné que les autres à la seule idée du rétablissement intégral du suffrage universel, s'approcha de moi et me demanda :

« — Sincèrement ? A quel parti croyez-vous que profiterait votre réforme constitutionnelle ?

« — Sincèrement ? A tous les partis, lui répondis-je, hormis aux parlementaires et aux monarchistes.

Il se récria :

« — Quoi, les socialistes même y trouveraient leur compte ?

« — Si ce que vous appelez leur compte

« est le total de leurs revendications sociales
« exagérées et exaspérées par trente ans de
« promesses toujours augmentées et jamais
« tenues : assurément non. Mais me deman-
« dez-vous si le Président de la République
« plébiscité par la Nation tout entière, res-
« ponsable devant elle de tout le pouvoir
« exécutif qu'elle lui confiera, ayant tout à la
« fois le moyen et l'obligation de servir la
« France dans ses intérêts multiples, fera
« passer dans les lois toutes les légitimes
« aspirations populaires? Assurément, oui.
« Le Plébiscite n'est, en effet, pas un outil
« spécial destiné à une réforme particulière, il
« est le grand levier sur lequel des millions
« de mains humaines exerceront leur pesée
« libératrice, il est la clef de toutes les portes
« par où doivent passer tour à tour toutes les
« idées de justice et de liberté. Expression
« plénière et libre du suffrage universel, il
« n'est pas seulement d'essence républicaine,
« il est la République même. »

Je dois dire que ni auprès de mon interlocu-
teur d'alors, ni de longtemps auprès d'aucun
de mes meilleurs amis, — Marcel Habert
excepté — le mot ni la chose ne trouvèrent
grand écho.

Un jour, pourtant, je reçus par la poste un

livre dont le titre seul me fut une joie et dont l'envoyeur m'expliquait l'envoi par cette dédicace consolatrice : *Au champion de la vraie démocratie.*

Ce livre était intitulé : *République Plébiscitaire, Mémoire de M. A.-J. Jacquet.* En quelques pages fortes et claires, l'auteur exposait tout ce que pouvait être et tout ce que pouvait produire le fonctionnement plénier du Suffrage universel.

Lui aussi démontrait que tous les partis avaient intérêt au rétablissement de la souveraineté nationale ! Il faisait plus que de le démontrer, il le prouvait en exemple.

Il n'avait nullement adopté cette thèse par simple esprit démocratique ni même dans l'espoir de mettre fin à toute une série de petites révolutions successives par l'achèvement de l'œuvre égalitaire de notre grande Révolution.

Si républicaine que fût sa conception de l'Etat, ce n'était en réalité pas son républicanisme qui la lui avait surtout inspirée. Mais, selon ma prévision des premiers jours, il avait compris que tous les partis trouveraient leur compte dans le Plébiscite et il y avait très bien trouvé le compte de l'antisémitisme.

Son Mémoire, qui avait remporté le prix

sur plusieurs autres Mémoires, n'était, en effet, qu'une réponse à une question mise au concours par la *Libre Parole*.

« Quel est le moyen pratique d'arriver à l'anéantissement de la puissance juive en France ? » avait demandé Edouard Drumont, et M. A.-J. Jacquet avait répondu : La République Plébiscitaire.

Il m'importe ici de déclarer tout d'abord que je ne suis pas ce qu'on est convenu d'appeler un antisémite. Je veux dire que je ne fais pas de la bataille contre les juifs la cause première et le point central de mon assaut contre le parlementarisme. Ce qui me réjouit surtout dans le livre de M. Jacquet, ce ne sont pas les raisons pour lesquelles il est Républicain Plébiscitaire, ce ne sont pas les prémisses et les motifs de sa théorie politique, c'est la théorie elle-même.

Je suis pourtant bien loin de nier qu'il y a dans l'antisémitisme un sentiment de rancune nationale et de patriotiques inquiétudes parfaitement justifiées. Les enfants d'Israël considèrent un peu trop la France comme leur terre promise et traitent un peu trop les Français en Chananéens.

Je reconnais même volontiers que de tous les groupements cosmopolites ramifiés les uns aux autres à travers l'Europe et dont chacun désagrège de son mieux les Nations au milieu desquelles ils sont implantés, il n'en est pas de plus redoutable que l'alliance israélite universelle. Elevés par leurs lois ancestrales dans l'étrange notion d'une Patrie sans sol et par cela même sans frontière, les Juifs voudraient beaucoup que le genre humain tout entier pensât et vécût comme le genre israélite. Voilà pourquoi ils ont envahi tous les temples maçonniques du globe qui sont autant de temples de Jérusalem. Ils ne se refusent pas seulement à se laisser assimiler, ils mettent leur orgueil à tâcher de rendre les autres semblables à eux-mêmes. La corruption qu'ils sèment à pleines mains n'a pas pour unique visée le triomphe de leurs intérêts. Ils y cherchent aussi le triomphe de leur orgueil.

C'est tout un système politique. D'abord, ce qui abaisse autrui les relève, et puis, ils préparent par là le milieu décomposé nécessaire à l'expansion de leur parasitisme débordant. Démilitariser, décatholiciser, dénationaliser la France, voilà leur triple but.

Déjà le pouvoir occulte ne leur suffit plus, ils rêvent du pouvoir visible respecté, officiel.

A des présidents de République judaïsés, ils ne désespèrent pas de faire succéder quelque jour un président juif.

Et pourquoi non, si on les laisse faire ? Car tout le mal vient justement de ce que voilà trente ans qu'on les laisse faire.

C'est là surtout ce en quoi nous différons, les antisémites et moi.

Ils disent : C'est l'influence juive qui a fait le régime actuel ; guerre aux juifs ! Je dis, moi : C'est le régime actuel qui a fait l'influence juive : Guerre au Parlementarisme !

Enlevez à chaque vendeur d'influence son coupon de pouvoir et il n'aura plus d'acheteur ; centralisez sur la tête d'un seul toute l'unité du pouvoir exécutif et il n'y aura plus de pouvoir occulte parce qu'il y aura responsabilité visible ; il n'y aura plus d'impunité parce qu'il n'y aura plus d'anonymat. Le jour où celui que la Nation aura chargé de diriger l'Etat en tiendra réellement en mains toutes les rênes, la clientèle cosmopolite de MM. les parlementaires devra renoncer à faire conduire la France où bon leur semble et c'en sera fait de l'omnipotence écrasante de nos politiciens de louage et de toute leur politique de pourboire.

Aussi est-ce bien moins comme l'unique

moyen d'arriver à l'anéantissement de la puissance juive que comme le plus sûr moyen d'arriver au rétablissement de la puissance française que j'approuve et que j'appuie, non pas
dans ses motifs, mais dans sa conclusion,
la solution plébiscitaire si clairement pré-
sentée et si solidement démontrée par l'auteur
du mémoire réédité aujourd'hui.

Il est peu de publications politiques plus
nourries de faits, plus remplies d'idées, ou-
vrant plus de vues sur tous les horizons
français que cette remarquable étude.

Disciple réfléchi de l'ardent prophète
Edouard Drumont, M. A.-J. Jacquet a tiré
des doctrines passionnées de son illustre
maître, un solide programme absolument
sage dans le fond, sinon toujours dans la
forme, et que les plus farouches antisémites
auraient mauvaise grâce à ne pas accepter
intégralement.

Jusqu'ici, il en était un peu de l'antisémitisme comme du socialisme. Leurs partisans
allaient toujours répétant : « Voilà ce que
nous voulons ! » Ils ajoutaient même clairement : « Voilà pourquoi nous le voulons. »
Mais ils n'avaient pas dit encore : « Voilà
comment nous l'obtiendrons ! »

M. A.-J. Jacquet est le premier antisémite

qui ait transformé sa conception philosophique en une conception gouvernementale. Il est aussi, je dois le dire, le premier plébiscitaire qui ait vu, déduit et poussé jusqu'à leurs dernières limites toutes les conséquences et toute l'action du Plébiscite.

Je ne recommande pas seulement la lecture de ces pages puissantes, j'en recommande l'étude.

C'est plus qu'une œuvre à connaître, c'est une œuvre à consulter et à méditer.

Il y a là tout un enchaînement d'idées nationales dont chaque chaînon augmente la force et dont l'ensemble attache indissolublement la raison à cette double conviction : A la France, il faut la République ; à la République, il faut le Plébiscite !

Comme l'antique statue de la Victoire de Samothrace aux contours puissants, aux formes magnifiques, dont les ailes fièrement déployées semblent vouloir monter vers un ciel de gloire, mais dont les épaules mutilées ne portent pas de tête, la démocratie française, toute prête, elle aussi, à prendre son vol vers la justice et vers le progrès, reste sans yeux pour voir, sans bouche pour parler. Comme la sublime image de pierre, elle aussi, elle est décapitée.

Le chef royal ou impérial que certains Français rêvent de lui donner, n'est pas de ce corps. La France est depuis cent ans en démocratie; elle fait, depuis cinquante ans, usage de la partie de suffrage universel qui lui a été laissée, elle possède, depuis trente ans, l'instruction obligatoire. Jamais société humaine ne fut et ne sera plus en état que la nôtre, de fonder et d'instituer la République du Peuple pour et par le Peuple. Ceux-là seuls sont dans la vérité finale et veulent rendre la France à son vrai destin qui, quelles que soient les causes invoquées par eux, concluent selon la logique et selon le droit qu'à un corps électoral bien constitué, il faut un chef plébiscitairement élu.

PAUL DÉROULÈDE.

Saint-Sébastien, 23 Février 1902.

MOYENS PRATIQUES

D'ANÉANTIR

LA PUISSANCE JUIVE

Quel est notre but en écrivant ces pages ? Est-ce de faire seulement œuvre de dilettantisme littéraire ? Pas le moins du monde. Notre but est d'un ordre plus élevé : il est de contribuer pour notre faible part, si c'est possible, au triomphe d'une cause qui nous est chère entre toutes. Cette cause n'est autre que celle de la France elle-même, de la France pillée, avilie, traitée en terre conquise par la Juiverie cosmopolite.

Nous ne voulons ni rechercher par quels procédés les Juifs ont réussi à se rendre maîtres chez nous, ni essayer de faire ressortir combien leur influence est malfaisante au double point de vue matériel et moral. C'est une tâche dont M. Edouard Drumont s'est acquitté dans ses livres et s'acquitte encore dans son journal, d'une façon qui ne laisse rien à désirer. Ses livres sont dans toutes les mains ; son vaillant journal, *La Libre Parole*, pénètre, chaque jour, jusque dans nos bourgades les plus reculées. Tout ce que nous pourrions dire nous-même sur ce point ne serait donc qu'une sorte de hors-d'œuvre. D'ailleurs, pour tout homme qui sait et qui veut ouvrir les yeux, le péril juif est d'une évidence manifeste.

Les événements qui se succèdent depuis quelques années, depuis quelques mois surtout, soulignent éloquemment la réalité de ce péril et démontrent combien étaient aveugles ceux qui, au début, taxaient d'exagération les apôtres de l'Antisémitisme.

Notre rôle se bornera donc à ceci : indiquer les moyens pratiques qu'il y aurait à prendre, selon nous, pour anéantir l'influence Juive.

Sur ce point particulier de la question sémitique, — NOUS DEVRIONS DIRE PEUT-ÊTRE DE LA QUESTION SOCIALE — nous présenterons au lecteur des considérations qui, en partie du moins, sont encore inédites.

A ce point de vue notre travail pourra, croyons-nous, n'être pas inutile.

Les moyens qu'il y aurait à prendre pour anéantir l'influence Juive se divisent logiquement en deux catégories :

1° Constitution d'un gouvernement national et antisémite ;

2° Mesures spéciales que les Français de France redevenus les maîtres chez eux devront adopter contre les Juifs.

Gouvernement Antisémite
à constituer

Possibilité pour les Antisémites
de conquérir le Pouvoir
par les moyens légaux

Les Antisémites, disons-nous, doivent commencer par conquérir le Pouvoir.

Peut-on raisonnablement espérer voir, à une heure plus ou moins rapprochée, le gouvernement de la France passer aux mains d'hommes résolument hostiles aux Juifs ?

A cette question que beaucoup se poseront sans doute, et cela non sans un profond sentiment d'angoisse, nous n'hésiterons pas à répondre : Oui, une telle espérance nous est permise. Et cela pour une raison toute simple : parce que l'Antisémitisme, qui pourtant ne date que d'hier, — quinze ou seize ans se sont à peine écoulés depuis l'apparition de la *France Juive* — a déjà tout envahi et que le nombre de ses adeptes grossit de jour en jour.

De quelle façon cette espérance, qui est la nôtre, pourra-t-elle se réaliser ?

Hâtons-nous de le dire, ce sera par les élections.

— Les élections sont la seule voie légale qui s'offre à nous. C'est la seule, par conséquent, qu'il nous soit possible d'adopter. Nous ne craignons pas d'ajouter qu'elle peut nous conduire au but désiré plus sûrement qu'aucune autre. Nous ne sommes nullement de l'avis de certains pessimistes qui pensent et qui répètent à qui veut les entendre que la situation est désespérée, que la France ne sera délivrée de la tyrannie maçonnique et juive qu'après avoir subi des bouleversements épouvantables et qu'après avoir été inondée de sang. Nous sommes convaincu, au contraire, que l'œuvre d'affranchissement national est possible et que pour la mener à bien les moyens pacifiques et légaux sont tout à fait suffisants.

Seulement il est de toute nécessité que les patriotes antisémites se décident à lutter ; il faut surtout qu'ils sachent que, dans les batailles à coups de bulletins de vote, la tactique et le choix judicieux des positions ne sont pas moins nécessaires que dans les batailles à coups de canon. Oui, il faut qu'ils sachent cela et qu'ils agissent en conséquence.

Nécessité
pour les patriotes antisémites de ne former qu'un seul parti au point de vue politique

La première chose qu'ils aient à faire dans cet ordre d'idées c'est de se grouper. Ils n'ont été jusqu'ici que des éléments étrangers les uns aux autres ; ils ont marché jusqu'ici sous des fanions divers et ennemis les uns des autres.

Il faut désormais qu'ils forment une armée compacte et qu'ils n'aient plus qu'un seul drapeau.

Il faut, pour parler sans figure, que, le jour où ils se lanceront à l'assaut du pouvoir, ils se soient mis d'accord sur la question de forme gouvernementale ; il faut, en d'autres termes, que le jour où, en leur qualité d'antisémites, ils solliciteront les suffrages du Peuple, ils soient à même de lui dire, d'une façon précise, quelle est la forme de gouvernement qu'ils proposent au Pays.

Ce point est d'une importance capitale. C'est une grossière erreur de s'imaginer que, pour les masses, les questions économiques et sociales sont tout et que les questions d'ordre purement politique ne sont rien. Ce serait plutôt le contraire qui serait vrai. Car il n'y a pas à le contester, nos masses populaires françaises ont toujours été et restent profondément idéalistes ussi les formules et les

théories — certaines du moins — ont-elles bien plus d'empire sur leur esprit que les considérations d'intérêt purement matériel. Qu'on dise tant qu'on voudra que ces théories et ces formules ne sont chez elles que l'expression d'aveugles préventions ou de sympathies non m otivées. Il n'en reste pas moins vrai que ces préventions et ces sympathies sont d'autant plus fortes, d'autant plus indéracinables, qu'elles sont moins raisonnées. Malheur donc à qui les heurte de front ou ne sait pas assez les ménager !

L'erreur que nous signalons nous coûte déjà bien cher. Voyez, en effet, l'état actuel des choses. Les honnêtes gens sont le nombre ; ils possèdent le suffrage universel et cependant ils subissent la domination d'une poignée de coquins et d'aventuriers cosmopolites.

Où faut-il chercher la cause de cette étrange anomalie ? Il faut la chercher uniquement dans la question de forme gouvernementale, dans cette question irritante, qui nous a si malheureusement divisés depuis vingt et quelques années et qui, en nous divisant, nous a réduits à l'impuissance.

Nous nous sommes battus au sujet de la République, ou plutôt de l'étiquette républicaine, les uns *pour*, les autres *contre*. Les Juifs se sont appliqués à envenimer la querelle. Ils n'y ont que trop bien réussi, et ils ont profité de ce que l'ardeur de la lutte nous enlevait toute clairvoyance pour mettre peu à peu et sans bruit, aidés en cela par leurs complices les Francs-Maçons, la main sur toutes les forces vives du pays.

A voir de quelle façon ils ont procédé, on ne peut

s'empêcher de se rappeler certaine aventure contée par le bon *La Fontaine* :

> Tandis que coups de poings trottaient,
> Et que nos champions songaient à se défendre,
> Arrive un troisième larron
> Qui saisit maître Aliboron.

Entre les personnages mis en scène par le fabuliste et les millions d'individus que la question de forme gouvernementale a, pendant si longtemps, transformés en frères ennemis, il n'y a qu'une différence, c'est que ces derniers étaient, pour la plupart, de loyaux et honnêtes fils de la vieille terre gauloise.

Encore une fois il faut que les patriotes antisémites aient un programme politique — un programme bien net et bien précis — comme ils ont déjà un programme social. C'est par là qu'ils doivent commencer. C'est pour eux la condition *sine qua non* du succès. Tant qu'ils n'auront pas compris cette vérité, tant qu'ils resteront, les uns monarchistes, les autres républicains, tant qu'ils n'auront pas, sur les ruines de tous les vieux partis soit de droite soit de gauche, et avec les éléments honnêtes que contenaient ces derniers, constitué un parti nouveau — un parti dont la logique des choses produira un jour ou l'autre la formation et qu'on a déjà appelé *le parti de l'avenir* — ils resteront absolument impuissants à réaliser quoi que ce soit sur le terrain électoral. Leurs efforts, s'ils avaient la naïveté d'engager la lutte dans d'aussi mauvaises conditions, ne seraient pas plus heureux que ne l'ont été ceux de feu l'*Union conservatrice*. Actuellement les patriotes antisémites font exactement l'effet d'une armée qui pourrait être très puissante par le nombre des combattants, mais qui n'aurait ni Etat-Major, ni Commandement suprême et où chaque chef de compagnie, ou plutôt chaque soldat, n'agirait que d'après ses inspirations personnelles. Une pareille armée — si toutefois elle méritait ce nom — serait sûre d'être piteusement battue le jour où elle aurait la témérité d'affronter le feu de l'ennemi.

Mais admettons que, par impossible, une majorité nationaliste et antisémite soit élue dans ces conditions-là.

Pour conserver sa cohésion en face de l'ennemi commun, elle n'aura, semble-t-il, qu'une chose fort simple à faire : se placer pratiquement, quelque puissent être les préférences personnelles de ses membres, sur le terrain de la Constitution existante.

Mais est-ce que cela lui sera possible ?

A cette question nous n'hésitons pas à répondre : non, assurément non. Et voici pourquoi.

D'après la Constitution actuelle, un vote de la Chambre ne peut acquérir force de loi qu'autant qu'il est approuvé par le Sénat et sanctionné par le Président. Or, s'il est une chose certaine, c'est celle-ci : que la majorité nationaliste et antisémite de la Chambre se heurtera à l'hostilité irréductible du Sénat et de la Présidence. Le Luxembourg et l'Elysée deviendront pour la Juiverie et la Franc-Maçonnerie comme deux forteresses dans lesquelles elles se cantonneront pour tenter une résistance désespérée.

Aussi la majorité nationaliste et antisémite de la Chambre se trouvera-t-elle acculée à cette alternative : ou ajourner indéfiniment la mise à exécution de son programme, ou chercher par tous les moyens possibles à se débarrasser du Sénat et du Président.

Dans le premier cas, elle perdra sa raison d'être.

Dans le second cas, elle provoquera une crise constitutionnelle, c'est-à-dire se mettra fatalement dans la nécessité de discuter la question de forme gouvernementale.

C'est alors que cette majorité composée d'éléments hétérogènes se disloquera et se morcellera en fractions rivales, qu'elle usera ses forces dans de misérables querelles de coteries, qu'elle donnera au pays le honteux spectacle de son impuissance, qu'elle y fera naître d'amères déceptions et que, par là, elle fournira au consortium judéo-maçonnique, lequel se compose de gens prodigieusement habiles, l'occasion d'un vigoureux retour offensif.

C'est donc en vain que les patriotes antisémites chercheraient à éluder cette difficulté qui s'appelle la question de forme gouvernementale. Que, pour l'éviter, ils prennent à droite ou qu'ils aillent à gauche, ils finiront toujours par la rencontrer se dressant devant eux et leur barrant la route.

Il est donc de toute nécessité que, avant de songer à entreprendre autre chose, ils se décident à l'aborder franchement et à lui donner une solution pratique.

En fait de forme gouvernementale, les Antisémites doivent
proposer au Peuple celle qui
répond à ses véritables aspirations.

Mais quelle est la forme gouvernementale dont
les patriotes antisémites constitués en parti ont
intérêt à se déclarer les champions ? La manière
d'agir des Juifs et des Francs-Maçons contient,
sur ce sujet, un enseignement auquel leurs adversaires feront bien de ne pas rester indifférents. .

Les Juifs et les Francs-Maçons ont, dès le principe, reconnu combien certains mots, ceux par
exemple de *Démocratie*, de *Souveraineté
nationale*, de *Progrès*, de *Liberté*, etc., cha-
touillent agréablement l'oreille des foules. De là
ils ont conclu que, pour eux, le moyen infaillible
d'endormir les méfiances natives de nos populations
si foncièrement chrétiennes et françaises et de se
glisser au pouvoir, était de se poser comme les
avocats zélés des revendications politiques des
travailleurs. Il faut bien en convenir, cette tactique
leur a merveilleusement réussi. D'ailleurs, ce n'est
pas seulement leur habileté propre qui les a ser-
vis, c'est aussi, et surtout peut-être, l'insigne
maladresse des représentants attitrés des idées
religieuses et des traditions de la race, je veux
dire l'insigne maladresse des nobles, des membres
de la haute bourgeoisie et d'un trop grand nombre

d'ecclésiastiques. L'attitude qu'ont gardée ces hommes-là, jusque dans ces derniers temps, dénote chez eux une absence de sens politique qui effraie. S'ils avaient voulu faire eux-mêmes le jeu des Francs-Maçons et des Juifs, ils n'auraient pas agi autrement.

Vivant au milieu d'une Société dont toutes les pensées, toutes les aspirations, tous les rêves sont, en quelque sorte, tendus vers l'avenir, ils sont restés hypnotisés dans la contemplation d'un passé qui eut sans doute d'incomparables grandeurs, mais qui n'en est pas moins irrévocablement disparu. Ils n'ont pas songé à se demander si, parmi les revendications populaires, il ne s'en trouvait pas de profondément justes, de parfaitement raisonnables, d'absolument conformes à l'esprit évangélique et à l'antique théologie catholique.

Ils n'ont eu, pour la Démocratie, que des paroles de raillerie et de malédiction. Considérant les droits du Peuple comme une nouveauté sacrilège, ils se sont obstinés à leur opposer les droits du Roi. En agissant de la sorte, ils ont pris l'attitude d'émigrés à l'intérieur et ont, comme à plaisir, poussé les populations dans les bras des politiciens francs-maçons et juifs. Et aujourd'hui, grâce à l'habileté des uns et à la stupidité des autres — l'expression est dure mais juste — les choses en sont venues à ce point, qu'une multitude de Français, personnellement très honnêtes, très patriotes et, d'autre part, nullement hostiles à la religion, ne votent et ne veulent voter que pour des hommes qui, en très grand nombre, ne sont que des internationalistes, des coquins et des sectaires. Et tout cela pourquoi ? On ne saurait le dire assez haut, parce que les hommes qui représentent les traditions de la race, au point de vue religieux et social, ne sont pas, au point de vue politique, ou plutôt n'ont pas été, pendant trop longtemps, en communion d'idées et de tendances avec la masse du Peuple.

La forme gouvernementale qui répond aux véritables aspirations populaires n'est pas la Monarchie.

Encore une fois, que les patriotes antisémites sachent profiter de la leçon et que, en fait de forme de gouvernement, ils ne proposent au Peuple que celle qui répond adéquatement à ses aspirations.

Quelle est celle qui réalise le mieux cette condition-là ? Assurément ce n'est pas la monarchie, soit royale, soit impériale. Dans le peuple, et principalement dans les milieux paysans et ouvriers, un très grand nombre d'individus nourrissent contre le système monarchique héréditaire, surtout contre la royauté, d'invincibles préventions. Pour s'en faire une idée exacte, il faut avoir grandi à la campagne ou dans les faubourgs et y avoir vécu en contact quotidien avec les fermiers, les garçons de charrue ou les ouvriers. Bien que nous fussions très jeune à cette époque, nous n'oublierons jamais ce qui, en 1873-1874, au moment où il était fortement question d'une restauration monarchique, se disait à la ferme, pendant la semaine, et sur la place de l'église, le dimanche, entre paysans. Sans exagération, nous pouvons affirmer que le nom seul du Roy était pour ces braves gens un véritable épouvantail; et depuis, nous sommes resté convaincu que, si la restauration s'était accomplie, elle aurait été sur bien des points du territoire le signal d'une sanglante jacquerie.

Chez la plupart de nos politiciens de village, les sentiments anticléricaux qu'ils affichent si bruyamment ne sont pas autre chose, au fond, que la peur de la Monarchie. Ce n'est pas le ministre du Christ qu'ils redoutent, dans le prêtre, c'est uniquement l'homme des dynasties, percepteur des dîmes et porte-parole des châtelains.

Le jour où le clergé cessera complètement d'être à leurs yeux l'adversaire de la Démocratie, leur attitude se modifiera. Ils pourront ne pas être de fervents chrétiens, mais ils ne seront plus des insulteurs de prêtres.

D'ailleurs, la raison péremptoire pour laquelle il ne faut plus songer à une restauration, c'est que, chez nous, *la foi monarchique n'existe presque plus*, et cela depuis bientôt cent ans.

Les idées d'élection et de souveraineté nationale ont pénétré partout, même dans le cerveau de ceux qui prétendent ne pas être républicains.

L'esprit de critique et de libre examen qui devient chaque jour de plus en plus puissant pousse nos concitoyens à comparer les deux systèmes opposés, le système monarchique héréditaire et le système électif. Or, le résultat de cet examen, c'est qu'on trouve généralement que le système monarchique héréditaire offre de bien graves inconvénients. On se dit qu'il peut très bien arriver que, en vertu de ce système, un honnête homme ait pour successeur un coquin et un homme de haute valeur un parfait imbécile.

On juge qu'il est peu rationnel qu'un individu, fût-il un incapable ou un enfant en bas âge, soit investi de l'autorité suprême par le seul fait qu'il est le fils de son père.

Aussi les préférences de la nation pour le système électif vont-elles s'accentuant de plus en plus. Et cela est d'autant plus logique, d'autant plus inéluctable que le corps électoral se renouvelle sans cesse, puisque chaque année qui passe emporte une génération de vieux électeurs qui ont vu les derniers régimes monarchiques héréditaires, Second Empire et Royauté de Juillet, et amène à la vie politique une génération de jeunes électeurs qui ont, en quelque sorte, respiré en grandissant les idées d'élection et de souveraineté nationale, et pour lesquels la monarchie héréditaire, royale ou impériale, n'est que de l'histoire ancienne.

On ne se hasarde donc pas trop en affirmant que chez nous la foi monarchique est à peu près complètement morte.

Dans l'ancienne France, c'est-à-dire au temps où cette foi était bien vivante, la dynastie et la personne du monarque étaient aux yeux des Français quelque chose d'inviolable et de sacré.

Que le roi s'appelât Louis le Saint ou Louis le Polisson, Charles le Sage ou Charles le Fou, la seule pensée de le congédier ou de contester ses ordres eût été considérée comme une témérité sacrilège.

Aujourd'hui nous sommes bien loin, il faut le reconnaître, de ces sentiments qui furent ceux de nos pères. En réalité, depuis bientôt un siècle, le Chef de l'Etat, alors même qu'il porte le nom de roi ou d'empereur, n'est plus chez nous qu'un détenteur provisoire de la suprême autorité. Le casser aux gages, lorsqu'il a cessé de plaire ou qu'on est mécontent de sa gestion, paraît être la chose la plus naturelle du monde. Le sans-façon avec lequel on a successivement renvoyé ou laissé partir Charles X, Louis-Philippe et Napoléon III, est une preuve éloquente de la justesse de notre assertion.

Eh bien ! qu'on le veuille ou qu'on ne le veuille pas, une nation qui en est là ne peut plus avoir, en fait de gouvernement, qu'un gouvernement républicain au sens littéral du mot, et en fait de Chef d'Etat, qu'un chef périodiquement élu. Etant donné une pareille disposition des esprits — laquelle va s'accentuant de plus en plus, nous ne saurions trop le répéter — rétablir chez nous l'hérédité monarchique, alors même qu'à un moment donné la chose serait matériellement possible, ce serait condamner notre pays à subir à une date plus ou moins rapprochée un nouveau Vingt-Cinq Juillet, un nouveau Vingt-Quatre Février ou un nouveau Quatre Septembre, ce serait vouloir perpétuer pour lui l'ère déjà beaucoup trop longue des révolutions.

Avec la République, au contraire, les bouleversements de ce genre ne seront plus à redouter : les hommes succèderont aux hommes, mais les institutions resteront debout.

Nous le savons bien, certaine presse et certaines gens nous répètent sur tous les tons que la France est monarchiste jusque dans les moëlles. Cela est vrai dans ce sens qu'elle reconnaît la nécessité d'un Chef d'Etat qui, au lieu d'être un simple mannequin, une passive machine à signatures, soit investi d'un pouvoir personnel très étendu. Mais elle entend que ce chef, au lieu d'être héréditaire, soit purement électif et périodiquement élu par tous.

C'est ce que prouve d'une façon éclatante cet épisode de notre histoire contemporaine qu'on a appelé le *boulangisme*.

Tant qu'on ne vit en Boulanger que le régénérateur de la République et le futur chef du gouvernement, il jouit d'une popularité inouïe. Pendant quelques semaines, il n'y eut plus en France, ni *républicains*, ni *conservateurs* ; il n'y eut que des Français acceptant avec enthousiasme et Boulanger et la République absolument inédite qu'il promettait au pays.

Le jour, au contraire, où le général fut, à tort ou à raison, soupçonné de n'être qu'un instrument conscient ou inconscient de restauration monarchique, le charme fut complètement rompu. Les sympathies se changèrent en méfiances, et, à mesure que les soupçons prirent de la consistance, ils se transformèrent en hostilités déclarées.

Ces faits ne datent que d'hier ; ils sont encore présents à la mémoire de tous : personne ne peut donc les contester.

Ceux, de plus en plus nombreux, qui croient aux lois de l'atavisme les trouvent tout à fait naturels. Pour nous, en effet, plébéiens français et, en cette qualité, descendants de Gaulois et de Latins, l'idéal, en fait de Chef d'Etat, n'est pas et ne peut pas être le monarque issu d'une race privilégiée, oint de l'huile sainte et, à ce titre, semi-pontife : c'est plutôt le consul investi de la puissance souveraine par la confiance populaire ; ou bien encore le *brenn* solennellement élevé sur le pavois aux acclamations de la foule ; le *brenn*, sur le champ de bataille, chef obéi par tous et, en temps de paix, exécuteur de la volonté générale.

Il est sans doute certains coins de la Vendée et de la Bretagne qui sont restés, au moins jusqu'à ce jour, obstinément fidèles au vieux principe monarchique héréditaire. Mais il est, d'autre part, une chose qu'on ne peut pas oublier, c'est que la Vendée et la Bretagne ne sont pas toute la France.

Ajoutons que, au point de vue antisémitique, nous ne gagnerions rien au rétablissement de la monarchie. Les monarques héréditaires et les membres des familles princières sont aussi enjuivés et aussi emmaçonnés que les plus véreux de nos politiciens opportunistes. En Autriche, nous avons en ce moment-ci le spectacle d'un Empereur apostolique prenant hautement parti contre son peuple, en faveur des brigands sémites qui exploitent la nation et qui ont fini par la pousser à bout. En France, nos prétendants sont du dernier bien et vivent sur le pied d'une familiarité scandaleuse avec les voleurs de la Haute Banque juive. En Angleterre, le roi actuel, tant qu'il n'était qu'héritier du trône, il y a quelques mois, vivait à leurs crochets. De telle sorte qu'on peut dire, avec M. Edouard Drumont, que la domination juive serait, avec la Monarchie, élevée à la hauteur d'une clause de la Constitution nationale, tandis que, avec la République, elle n'est, malgré tout, qu'un accident passager (1).

D'ailleurs, quels que soient les sentiments particuliers des princes contemporains, il saute aux yeux de tous que le système républicain, lequel repose tout entier sur l'élection, possède sur le système monarchique héréditaire un avantage que les patriotes antisémites ne sauraient trop apprécier. Cet avantage est celui-ci : lorsqu'un Parlement ou un Président se montrent par trop complaisants pour Israël, la nation peut, de la façon la plus légale et la plus pacifique du monde, les congédier et confier le gouvernement à de meilleures mains.

Par contre QUE PEUT-ELLE, SI LE CHEF D'ÉTAT, QUI PREND FAIT ET CAUSE POUR LES JUIFS, EST UN MONARQUE HÉRÉDITAIRE ? Elle n'a pas d'autre alternative que celle-ci : ou subir le fléau sémitique ou renverser le monarque par une révolution. Car le grand inconvénient des régimes où les institutions s'identifient avec les hommes, c'est qu'on ne peut toucher à ceux-ci sans ébranler celles-là. De là il ressort, nous semble-t-il, que pour crier *vive le Roi ou vive l'Empereur* quand on est antisémite et nationaliste, il faut être absolument brouillé avec la logique.

Nous le savons, les partisans de plus en plus rares du duc d'Orléans affectent de nous dire : « Le nationalisme intégral c'est nous, c'est-à-dire la monarchie héréditaire. »

---

(1) Voir l'article virulent de M. E. Drumont, à propos du discours royaliste de M. d'Haussonville à Montauban, en septembre 1892.

Mais cette prétention de monopoliser le nationalisme — dont l'antisémitisme, ne l'oublions pas, est
une partie essentielle — ne dénote que de deux
choses l'une : ou que ces gens-là sont fous, ou
qu'ils veulent se moquer du public.

Car la vérité est que nationalisme et monarchie
sont deux choses qui s'excluent réciproquement.

Qu'est-ce, en effet, que le nationalisme ?

Le mot l'indique assez clairement, c'est la nation
maîtresse de son sol, maîtresse d'elle-même, c'est-
à-dire libre de toute sujétion vis-à-vis d'un pouvoir
étranger quelconque et ayant un gouvernement
consenti et voulu par la masse des citoyens.

C'est, en outre, la chose publique administrée
conformément aux vœux et aux intérêts de la nation.

C'est enfin la législation, expression vraie et
adéquate de la volonté générale, des opinions, des
mœurs et des idées philosophiques ou religieuses
du plus grand nombre.

Voilà le vrai nationalisme ! Il n'est pas et il ne
peut pas être autre chose. De cette définition il
ressort nécessairement ceci : que la formule gouvernementale du nationalisme c'est la République
plébiscitaire dont nous exposons plus loin l'économie, la République plébiscitaire qui attribue au
peuple entier l'élection périodique du Chef responsable de l'Etat, et qui lui donne par le référendum
plébiscitaire la faculté d'intervenir directement dans
la confection des lois et d'exprimer ainsi, en toute
sincérité et sans l'ombre d'une équivoque, ce qu'il
aime et ce qu'il déteste, ce qu'il veut et ce qu'il ne
veut pas.

Quant au parlementarisme et à la monarchie
héréditaire, il est de toute évidence que ni l'un ni

l'autre de ces deux régimes ne peuvent être le véritable nationalisme, puisqu'ils livrent le pays, l'un à une dictature anonyme de sept à huit cents individus, l'autre à la domination d'une famille privilégiée.

Ces deux régimes ne seraient pas le vrai nationalisme, alors même que la famille privilégiée ou les membres de l'oligarchie parlementaire seraient de vieille souche française. Car pour que le nationalisme soit une vérité, il ne suffit pas que la France soit la chose de quelques centaines seulement ou d'une demi-douzaine de Français : il faut *qu'elle soit la chose de tous les Français*.

La famille régnante dans un pays monarchique est-elle au moins une famille vraiment nationale ? Pas le moins du monde. Elle est plutôt la famille la moins nationale de toutes. C'est une famille dont la véritable patrie est circonscrite dans le cercle des maisons princières de l'Europe, c'est-à-dire une famille essentiellement cosmopolite. Sans chercher hors de France, voyez les Bourbons depuis Henri IV jusqu'au Comte de Chambord !

Tous sont nés de femmes étrangères et tous se marient à des femmes étrangères.

Henri IV est l'époux d'une Italienne de Toscane.

Louis XIII est le fils de cette Italienne de Toscane et devient l'époux d'une Espagnole.

Fils d'une Espagnole, Louis XIV épouse à son tour une Espagnole.

Son fils Louis, appelé communément le Grand Dauphin, né d'une mère espagnole, épouse une Allemande de Bavière.

Le duc de Bourgogne, fils d'une Allemande de Bavière, épouse une Italienne du Piémont.

Louis XV, fils d'une Italienne du Piémont, épouse une Polonaise.

Le dauphin Louis, fils d'une Polonaise, épouse une Allemande de Saxe.

Louis XVI, fils d'une Allemande de Saxe, épouse une Autrichienne.

Enfin le dernier Bourbon français, le Comte de Chambord, que ses fidèles appellent Henri V, est le fils d'une Italienne de Naples et devient l'époux d'une Italienne de Modène.

Et ce que nous constatons chez les Bourbons nous le retrouvons chez les d'Orléans et chez les Bonaparte. Tous ou presque tous sont fils et époux d'étrangères.

Ainsi, à chaque génération, c'est un nouvel apport de sang étranger qui se produit, de telle sorte qu'à la fin, s'il reste encore quelques gouttes de sang national dans les veines du monarque on peut dire qu'elles y sont comme perdues dans la masse du sang étranger.

Ce fait est d'autant plus grave, au point de vue nationaliste, que l'influence de l'atavisme sur les individus est absolument incontestable et que dans les familles, les garçons tiennent généralement de la mère plutôt que du père sous le triple rapport des qualités morales, intellectuelles et physiques.

Si nous voulons avoir un régime vraiment nationaliste, il faut donc repousser le système monarchique héréditaire, qui met à la tête du pays des métis d'étrangers et adopter l'élection périodique du Chef de l'Etat par le suffrage universel.

Mieux que cela, il faut introduire dans la loi constitutionnelle une clause aux termes de laquelle nul ne pourra poser sa candidature à la Présidence qu'autant *qu'il sera issu, depuis au moins trois générations, d'ascendants nés français et d'ascendantes nées françaises.*

Loin d'incarner le nationalisme, les d'Orléans ne représentent même pas le droit monarchique traditionnel. Depuis la mort du Comte de Chambord, en effet, la couronne de France, si l'on appliquait ce droit dans toute la logique de son absurdité, appartiendrait à don Carlos et à sa famille et non aux d'Orléans. Et cela pour la raison toute simple que don Carlos est plus proche parent du Comte de Chambord que ne l'est le duc d'Orléans.

La République est la forme gouvernementale qui répond aux véritables aspirations populaires. — Mais le gouvernement actuel n'est Républicain que de nom.

La République est donc le gouvernement auquel les antisémites doivent logiquement se rallier. Il y a, il est vrai, plusieurs formes de République. Quelle est celle pour laquelle l'intérêt de leur cause leur commande d'opter ?

Est-ce la République actuelle, c'est-à-dire la République parlementaire dont nous ont dotés les Constituants orléanistes de 1875 ? Assurément non, ainsi que nous l'avons dit plus haut. Cette République n'est qu'une étiquette menteuse. Elle se prétend démocratique et elle ne laisse au Peuple que la nomination de la Chambre, c'est-à-dire d'une moitié du pouvoir législatif. Quant au Sénat et au président de la République, lesquels personnifient, l'un la seconde moitié du pouvoir législatif, l'autre le pouvoir exécutif, elle attribue leur nomination à deux catégories de suffrage restreint composées, la première, de quelques milliers de conseillers généraux et de délégués des Conseils municipaux, la seconde de huit à neuf cents sénateurs et députés.

Ainsi elle enlève au Peuple les deux tiers de ses droits. Ce n'est pas tout. Comme le président et le Sénat sont, par suite du *vice de leur origine anti-démocratique*, absolument dépourvus d'autorité morale, il se trouve que, de fait, la souveraineté est concentrée tout entière entre les mains de la Chambre.

D'autre part, comme dans l'intervalle d'une élection à une autre élection la Constitution ne fournit aux électeurs aucun moyen régulier et légal d'opposer leur veto aux fantaisies de la Chambre ou de lui dicter leurs volontés, on a le droit d'affirmer que, de fait, le régime actuel n'est pas autre chose qu'une dictature à huit cents têtes. Bref, d'après la logique des choses et d'après l'esprit et la lettre de la Constitution de 1875, les prérogatives de la nation souveraine se réduisent à ceci : tous les quatre ans, se choisir pour maîtres quelques centaines de bourgeois ; et, en les nommant, leur donner carte blanche pour faire ensuite tout ce qu'ils voudront. En d'autres termes, la nation n'est souveraine qu'une fois tous les quatre ans, de huit heures du matin à six heures du soir.

Le reste du temps elle est réduite à la condition de sujette.

Cette Constitution, de provenance britannique et maçonnique, est profondément antipathique au génie de notre race. Si, jusque dans ces derniers temps, elle a été tolérée par le pays, c'est uniquement parce qu'elle a eu la bonne fortune, grâce à l'existence d'une opposition monarchique, de donner l'illusion d'une incarnation des principes républicains et démocratiques.

Mais aujourd'hui que les vieux partis monarchiques sont réduits à une impuissance complète, la répulsion générale qu'elle inspire ne prend plus la peine de se dissimuler. Cette répulsion se manifeste de toutes les façons, principalement par le chiffre énorme des abstentions qui va toujours croissant. La proportion de ces abstentions est telle que, d'après les aveux de la statistique officielle elle-même, la majorité opportuno-radicale de la Chambre représente à peine le tiers du corps électoral.

Le fait ne paraît pas du tout invraisemblable à ceux qui ont vu comment les choses se sont passées dans la ville de Bordeaux, au mois d'août 1895, et au mois de juillet 1901 lors des élections pour le Conseil général. Malgré le nombre des candidats et l'infinie variété des programmes — il y en avait pour tous les goûts — sur soixante-cinq mille électeurs inscrits, vingt-cinq mille seulement ont daigné prendre part au vote. En tout trente-cinq mille abstentions sur soixante-cinq mille électeurs inscrits.

S'il faut en croire les journaux, dans certains cantons situés sur divers points du territoire français il y a eu mieux encore : il y a eu grève générale, grève de candidats et grève d'électeurs.

Que les patriotes antisémites se gardent donc bien de se placer sur le terrain de la Constitution de 1875. Ils s'exposeraient à un piteux échec.

Blasés sur les promesses de toutes sortes dont sont remplis ces boniments d'une espèce toute particulière qu'on appelle des professions de foi, les électeurs déjà gagnés à l'abstention ne verraient en nos candidats que des hommes soucieux surtout de leurs propres intérêts, c'est-à-dire des politiciens en tout pareils aux autres. Ils se diraient que, avec ceux-ci comme avec nos maîtres actuels, ce serait toujours le même régime, c'est-à-dire la dictature anonyme de huit cents bourgeois.

Aussi, au lieu d'aller au scrutin s'obstineraient-ils à rester chez eux.

Parmi les électeurs qui consentent encore à voter, bon nombre seraient enclins à ne considérer nos candidats que comme des monarchistes déguisés qui n'adoptent l'étiquette républicaine que pour se faire élire au Parlement et qui sont décidés à escamoter la République dès qu'ils se verront les maîtres de la situation. Et comme ces gens-là ne veulent de la Monarchie à aucun prix ils se résigneraient soit à voter, comme par le passé, pour des opportunistes, soit à nommer des socialistes.

Sans doute, il serait souverainement injuste d'attribuer aux patriotes antisémites d'aussi noirs desseins contre la République. Il est cependant à peu près certain que la bande judéo-maçonnique, décidée à tout pour les perdre dans l'esprit du peuple, ne manquerait pas de lancer contre eux une accusation de ce genre. Quant à cette accusation, tout porte à croire qu'elle ne trouverait que trop facilement créance auprès des foules, et qu'elle les détournerait de voter pour nos candidats. Et cela s'explique. Jusqu'à ces derniers temps, en effet, ce n'est guère que parmi les politiciens opportunistes et radicaux que le Peuple a rencontré des champions décidés de l'idée républicaine. Il est donc tout naturel qu'il se tienne sur ses gardes vis-à-vis de candidats résolument hostiles au parti gouvernemental, et qu'il y regarde à deux fois avant de leur accorder ses suffrages et de croire à la sincérité de leur républicanisme.

D'autre part, il est rationnel que les électeurs républicains soient absolument intraitables sur ce point particulier de la sincérité républicaine des candidats. Ils voient très bien que c'est une question de vie ou de mort pour la République. Et cela pour la raison très simple qu'en attribuant aux membres du Parlement et le droit de révision et la nomination du chef de l'Etat, la Constitution actuelle leur donne le moyen pratique et légal de supprimer la République et de restaurer la Monarchie.

Ajoutons que l'emploi du scrutin d'arrondissement ne fait qu'aggraver encore, pour les patriotes antisémites, une situation électorale déjà bien mauvaise. Plus que tout autre mode de scrutin, en effet, celui d'arrondissement fausse le sens des élections. En mêlant dans une très large proportion les questions de personne et les querelles de clocher aux questions de principe, il rend plus puissante l'influence des situations acquises et facilite l'exercice de la pression administrative.

Pour les patriotes antisémites la Constitution de 1875 ne vaut donc rien comme terrain de combat.

Mauvais terrain de combat pour les Antisémites, la Constitution actuelle ne vaudrait rien entre leurs mains comme instrument gouvernemental.

Dans le cas où, par impossible, les patriotes antisémites arriveraient au pouvoir avant que la Constitution actuelle n'ait été supprimée, entre leurs mains elle ne vaudrait pas davantage comme instrument gouvernemental. Pour s'en convaincre, il suffit d'analyser sommairement l'économie du système parlementaire.

Dans ce système ce qui saute aux yeux, à première vue, c'est la confusion des deux pouvoirs exécutif et législatif. Le pouvoir exécutif, en effet, est exercé par une dizaine de ministres collectivement responsables — le président n'est qu'un soliveau — que la Chambre pousse aux affaires et renvoie au gré de ses caprices et de ses rancunes, comme de simples valets.

Par là, le pouvoir exécutif se trouve donc condamné à une irrémédiable instabilité. A chaque grave question qui vient à être soulevée, le ministère court le risque d'être renversé. Que dis-je, son existence dépend du moindre incident parlementaire.

Sait-on quel est le chiffre des cabinets et des ministres qui se sont succédé chez nous, en vingt et quelques années de parlementarisme?

Ce chiffre est plus éloquent que toutes les dissertations que l'on pourrait faire sur ce sujet: trente-deux cabinets et cent soixante et quelques personnages divers qui ont été ministres : ce qui fait, en moyenne, un cabinet tous les sept ou huit mois.

Il y a plus : en partageant entre plusieurs individus le pouvoir exécutif et la responsabilité du pouvoir exécutif, le parlementarisme énerve le premier et supprime presque la seconde. Que l'on considère, en effet, comment les choses se passent. Au sein du cabinet ce ne sont qu'hésitations, que tiraillements, que rivalités d'influences. Quand il faudrait agir avec résolution et célérité, on consume un temps précieux en interminables dissertations.

De regrettables bévues sont-elles commises, il est impossible de dire quels sont les vrais coupables. Les ministres d'un département renvoient la balle à ceux d'un autre, le ministre d'aujourd'hui à ceux d'hier. C'est un échange de violentes récriminations. Les uns s'appuient sur d'excellents arguments pour prouver qu'ils ont raison. Les autres en donnent de non moins bons pour établir qu'ils n'ont pas tort.

A la Chambre on interpelle. *Après*, la question se trouve encore plus embrouillée *qu'avant*. Des discours et encore des discours, tout se borne là. Mais aucune précaution n'est prise pour l'avenir, aucune des fautes commises n'est punie ou réparée. Bref, avec le système parlementaire actuel, pas le moindre esprit de suite dans la haute administration du pays, pas la moindre unité de direction, pas la moindre vigueur dans l'action gouvernementale.

Rien que le gâchis et l'incohérence, gâchis et incohérence irrémédiables, gâchis et incohérence sur toute la ligne. Si, par hasard, le pouvoir veut se montrer énergique, il ne peut vivre qu'à coups d'arbitraire, qu'au prix de marchandages et de concessions, qu'à force de corruptions et d'intrigues. L'argent et l'honneur de la France paient la rançon de sa durée.

Les antisémites et les nationalistes attribuent à la Juiverie et à son influence néfaste la déchéance morale d'une multitude d'hommes politiques qui sont arrivés honnêtes de leur province et que quelques mois ou quelques années d'existence parlementaire ont transformés en fieffés coquins. En cela, certes, ils ne sont que trop dans le vrai. Mais qu'ils le sachent bien, s'ils veulent avoir la vérité tout entière, ils sont obligés de reconnaître ceci : que si les Juifs ont pu tout acheter c'est parce que ceux qui disposent de l'autorité souveraine peuvent tout vendre impunément. Et si tout peut être vendu impunément, c'est parce que le parlementarisme supprime les responsabilités ou du moins les rend à peu près insaisissables en les éparpillant sur une douzaine de têtes ou pour mieux dire sur quelques centaines. Car une vérité incontestable que nous ne saurions trop fréquemment et trop énergiquement répéter c'est celle-ci : que le fait d'attribuer les responsabilités à une collectivité plus ou moins nombreuse équivaut au fait de les supprimer, et qu'un régime basé sur l'anonymat n'est et ne peut être qu'un régime corrompu et corrupteur.

En d'autres termes, s'il n'est que trop exact que la Juiverie et la Franc-Maçonnerie sont pour notre pays de bien malfaisants microbes, il ne faut pas perdre de vue que le parlementarisme constitue pour ces microbes-là le meilleur terrain de culture qui se puisse imaginer.

Hâtons-nous donc de nous débarrasser de ce régime néfaste si nous tenons à ne pas périr.

Que nous ne voulions ni d'un maître ni de l'hérédité dynastique cela est tout à fait rationnel. Mais il est de notre intérêt de ne pas oublier que dans toute société régulière il faut une tête, un chef responsable. Car s'il est un principe d'une évidence manifeste c'est bien celui-ci : légiférer et contrôler est, à la vérité, le fait de plusieurs ; mais administrer et gouverner (le rôle de l'exécutif) est le fait d'un seul. Par contre, confier la responsabilité gouvernementale à une collectivité est une de ces aberrations qui ne méritent même pas l'honneur d'être discutées. L'histoire, en effet, n'a qu'une voix pour nous dire que chaque fois qu'il a été confié à une collectivité le pouvoir exécutif n'a été capable que de désorganiser et de détruire. C'est ce qu'a très bien compris, dès le lendemain de son émancipation, cette démocratie américaine qui cependant ne se trouve point, comme notre France républicaine, géographiquement placée en face de vieux et puissants Etats monarchiques.

§ II

Divers projets de Révision.
Leur inefficacité

1° Suppression de la Présidence

La Constitution de 1875 ne vaut donc rien entre les mains des patriotes antisémites comme instrument d'émancipation nationale. Mais est-il nécessaire de la supprimer radicalement ?

Ne suffirait-il pas, pour qu'elle fût en état de rendre les servicesqu'on aurait le droit d'en attendre, de lui faire subir certaines modifications ?

Pour en juger, nous allons passer en revue les divers projets de révision qu'on nous propose et étudier la valeur pratique de chacun. L'un de ces projets conclut tout simplement à l'abolition de la Présidence et au remplacement de celle-ci par un Comité exécutif nommé soit par le Parlement soit par le Suffrage Universel.

Si ce qui vient d'être dit est juste, un tel projet doit être impitoyablement repoussé par tous ceux qui ont souci des destinées de la République et du relèvement de la France ; car il est de toute évidence que le remède préconisé ne ferait qu'entretenir, s'il ne l'aggravait pas, le mal qu'on a la louable prétention de guérir. En effet, si vous confiez le pouvoir exécutif à un Comité et si vous attribuez la nomination de ce Comité au Parlement, ce sera à peu de chose près la continuation de l'anarchie parlementaire dont nous sommes en train de mourir. Ce sera comme aujourd'hui la *confusion* des deux pouvoirs *exécutif* et *législatif*. Ce sera comme aujourd'hui la dictature collective et anonyme du Parlement. Ce sera comme aujourd'hui le gâchis et l'incohérence dans la haute administration de l'Etat. Alors, comme aujourd'hui enfin, les départements seront représentés, mais la France elle-même, prise dans son ensemble, *dans son unité*, ne le sera pas. Car, en fait d'élection il n'y en a qu'une qui puisse rendre la pensée maîtresse de la France, qu'une dans laquelle les intérêts immédiats de clocher ne fassent pas perdre de vue aux électeurs les intérêts généraux du pays, c'est celle du Président de la République. Cela est si vrai que, aux Etats-Unis, elle est considérée par tous comme l'élection capitale et décisive.

Le Comité exécutif aura beau être nommé pour un temps légalement déterminé. Elus par les parlementaires, ses membres seront forcément à la merci des intrigues parlementaires. Si quelques-uns d'entre eux s'avisent de ne pas se plier au rôle de très humbles serviteurs de Messieurs les Députés, ceux-ci ne seront pas embarrassés pour leur faire la vie dure au point de les forcer à démissionner.

Qu'on ne nous objecte pas l'exemple de la Suisse où le pouvoir exécutif est exercé par un Comité qu'on appelle le Conseil fédéral. La Suisse sentirait bien vite les inconvénients de ce système si, comme nous, elle était un grand Etat et avait un important rôle international à jouer. Ces inconvé-

.nients d'ailleurs sont déjà compris, dans ce pays, par bon nombre de citoyens qui remplaceraient volontiers le Conseil fédéral par une Présidence à l'américaine.

Qu'on ne vienne pas non plus nous dire que pendant la période révolutionnaire la France, à un moment donné, a été capable de faire face à la coalition européenne bien que, en ce moment-là, le pouvoir exécutif fût exercé par un Comité resté fameux sous le nom de Comité de Salut public. Car à cela nous pouvons répondre que l'autorité de ce Comité ne fut, de fait, pas autre chose, pendant de longs mois, que la dictature d'un homme, Robespierre. Le nom de cet homme évoque sans doute de sanglants souvenirs. Mais en concentrant dans ses mains toutes les réalités de l'autorité souveraine, il a du moins rendu à la France l'insigne service de grouper en un faisceau compact les forces vives du pays et de les faire toutes converger vers un but unique, la défense du sol national contre l'invasion étrangère. Non, ce n'est pas le gouvernement de la Convention et du Comité du Salut public qui, dans l'histoire de notre pays, depuis 1789, doit être considéré comme le type du régime où le pouvoir exécutif est exercé par une collectivité : c'est plutôt le gouvernement qui lui succéda, c'est-à-dire le Directoire. C'est bien dans ce gouvernement-là que le pouvoir exécutif fut réellement, de fait comme de droit, exercé par une collectivité. Or personne n'ignore que le bilan du régime peut se résumer ainsi :

Au dedans anarchie et corruption ;

Au dehors impuissance et incurie.

Et le Transvaal, quel argument ne fournit-il pas

à notre thèse ! Si, depuis vingt ans, au lieu d'être gouverné par un *homme* il avait été gouverné par un *Comité*, il ne se serait sans doute pas trouvé en état d'opposer à l'Angleterre l'héroïque et efficace résistance qui, depuis deux ans, fait l'admiration du monde entier.

Que le Comité exécutif, au lieu d'être nommé par le Parlement, soit élu par le Suffrage universel, les inconvénients ne seront pas moindres. Sans doute, par le fait même de cette élection directe, le pouvoir exécutif ne sera plus à la merci des intrigues parlementaires ; sans doute la séparation des pouvoirs sera une vérité. Mais l'esprit de suite et l'unité d'action si nécessaires à l'exécutif feront comme aujourd'hui complètement défaut. Des divergences de vue relativement à des questions importantes, des rivalités, des haines peut-être éclateront infailliblement au sein du Comité. Et comme les membres de ce dernier seront également forts par le fait de leur commune élection par le Peuple, des tiraillements désastreux se produiront au moment où l'action gouvernementale aurait le plus grandement besoin d'être *une* et *vigoureuse*.

Déjà incontestables dans les affaires purement civiles, les vices du système deviennent d'une évidence terrifiante pour quiconque se place pour l'étudier au point de vue diplomatique et militaire. En effet, que des complications internationales se produisent, qu'une grande guerre vienne à éclater : qu'arrivera-t-il si les chefs particuliers de la Marine, de la Guerre, des Finances, des Travaux publics, des Affaires étrangères, etc., ne s'entendent pas et si, au-dessus de ces chefs particuliers, il n'y a pas un chef suprême investi de la confiance populaire, pour leur dicter à tous des ordres, neutraliser l'effet des rivalités personnelles et coordonner d'une main ferme toutes les ressources et toutes les forces du pays pour la défense du sol national ? Il arrivera fatalement de deux choses l'une : ou qu'une incohérence complète régnera dans le haut commandement et dans tous les grands services publics dont le fonctionnement régulier est si nécessaire en cas de guerre générale, et alors ce sera la débâcle honteuse ; ou que l'un des membres du Comité, le chef de la Guerre, par exemple, mettra à la porte ses collègues — à moins qu'il ne préfère les réduire au rôle de simples commis — et se transformera en dictateur.

Les grands services publics tels que la Guerre, la Marine, les Travaux publics, les Affaires étrangères, les Finances, etc., ne sont nullement des pachaliks dont les titulaires peuvent agir indépendamment les uns des autres : ce sont des *membres* destinés à se mouvoir de concert et à former *un corps homogène*. Il faut donc que ce corps soit mû par une volonté unique — comme le corps humain est mû par un cerveau unique — il faut, en d'autres termes, que les chefs particuliers ne soient que *des agents* d'un *chef suprême*, que les *exécuteurs* d'une *volonté motrice unique*. En dehors de ce principe-là, un grand pays comme la France ne peut pas avoir, je ne dirai pas un régime vraiment démocratique, mais simplement un gouvernement digne de ce nom.

2° Ministre parlementaire unique. — Election du Président par un collège spécial.

Il est des révisionnistes qui, loin de vouloir supprimer la Présidence, sentent comme nous la nécessité de la fortifier.

Pour cela, ils demandent que les *ministres soient pris en dehors des Chambres, qu'il n'y ait qu'un seul ministre parlementaire, un seul ministre parlant, lequel serait, si l'on veut, le premier ministre par qui s'établiraient et s'entretiendraient les relations nécessaires entre l'exécutif et le législatif, ministre du Président auprès des Chambres, responsable à la fois devant lui et devant elles.* Quant au président lui-même, ils veulent que *l'élection de celui-ci soit enlevée aux Chambres* et *confiée soit aux conseillers généraux,* soit à un *collège électoral plus étendu mais tout à fait spécial,* qui, outre les conseillers généraux, comprendrait les membres de l'Institut, les membres des Chambres de commerce, certaines catégories de magistrats, de fonctionnaires, de diplômés et d'intellectuels, etc.

C'est par ces timides modifications à la Constitution actuelle que ces bonnes gens espèrent mettre fin à l'annihilation du pouvoir exécutif par le pouvoir législatif, rendre réelle et véritable la séparation de ces deux pouvoirs, assurer la stabilité ministérielle et donner ainsi à la France le gouvernement fort dont elle a besoin.

Leur intention est assurément excellente, mais ils n'en sont pas moins le jouet d'une grosse illusion. Ces retouches discrètes qu'ils proposent de faire subir aux institutions de 1875, ne seraient pas autre chose, si elles venaient à être exécutées, qu'une réédition du proverbial cautère appliqué sur une jambe de bois.

Prendre les ministres en dehors des Chambres serait, en soi, une excellente mesure, nous nous plaisons à le reconnaître. Mais cette mesure ne pourra produire les heureux résultats qu'on attend d'elle que tout autant que les ministres ne seront responsables que devant le Président et que celui-ci, chef effectif et non plus seulement nominal du gouvernement, sera élu directement par le Suffrage Universel.

Tant que le Président sera l'élu d'un suffrage restreint quelconque (Parlement ou Collège spécial), et tant que les ministres continueront à être responsables devant le Parlement, ces derniers auront beau être choisis en dehors des Chambres : cela ne modifiera en rien la situation que nous déplorons actuellement. Alors, comme aujourd'hui, les titulaires de portefeuilles seront désignés et imposés par les chefs de groupe. Ne pouvant plus être ministres eux-mêmes, les parlementaires auront des hommes de paille qu'ils pousseront en avant. Selon la très pittoresque et très juste expression dont Marcel Habert s'est servi devant le Jury de la Seine, les entrepreneurs de la politique auront une écurie de candidats ministres comme d'autres ont une écurie de chevaux de course. On ne renversera sans doute plus les ministres pour prendre leurs places, mais on les renversera pour mettre à leurs places des fonctionnaires qui soient à la merci et à la discrétion des députés. Ce sera un gouvernement parlementaire par personnes interposées, mais ce sera toujours le gouvernement parlementaire avec son incohérence, son marchandage de places et de faveurs, son irresponsabilité et son anarchie.

En établissant qu'il n'y aura qu'un seul ministre parlementaire et responsable on compte assurer la stabilité des *ministres à portefeuille*, c'est-à-dire des titulaires des divers départements ministériels, Guerre, Marine, Affaires étrangères, Finances, etc.

C'est là une grosse erreur.

Tout d'abord, chaque nouveau ministre parlementaire et responsable aura naturellement ses hommes à lui. Il faut donc s'attendre à ce que, presque toujours, il congédie les collaborateurs de son prédécesseur et les remplace par ses propres créatures. Mais admettons qu'il n'ait pas de préférences personnelles et qu'il n'ait souci que de l'intérêt public dans le renvoi ou le maintien de tel ou tel *ministre à portefeuille*.

Il est au moins une chose qu'il ne faut pas perdre de vue, c'est qu'il sera forcé de tenir compte des exigences de la coterie qui l'aura poussé au pouvoir. Il sera donc obligé, soit d'accepter comme ministres à portefeuille tels ou tels que la bande lui imposera, soit de congédier tels ou tels qui auront eu le malheur d'encourir les ressentiments de celle-ci.

S'il s'avisait de ne pas se soumettre aux injonctions des parlementaires, il serait bien vite forcé de se démettre.

On veut, il est vrai, que le ministre parlementaire soit responsable à la fois devant le Parlement et devant le Président de la République.

Mais c'est là un pur non-sens, car il est de toute évidence qu'on ne peut pas être responsable à la fois devant deux juges. Quelle pourra bien être, en effet, la situation du ministre *parlant et responsable* le jour où le Président et les Chambres ne seront plus d'accord à son sujet, le jour, par exemple, où le Président lui criera : *Va-t-en*, tandis que les Chambres lui répéteront : *Reste...?* Il faut avouer qu'en pareil cas sa situation sera tout à fait pareille à celle de l'âne de Buridan.

Mais nous nous trompons : à tout prendre, la situation du ministre parlant et responsable ne sera jamais embarrassante à ce point. Elle sera, au contraire, très nette en ce sens que, nonobstant la lettre de la Constitution, alors comme aujourd'hui le seul véritable maître sera le Parlement. Oui, tant qu'il sera soutenu par la sympathie et la confiance des Chambres, le ministre parlant et responsable pourra, alors comme aujourd'hui, rester au pouvoir malgré l'hostilité personnelle du Président. Car celui-ci aura beau être élu soit par les Conseils généraux, soit par tout autre suffrage restreint que l'on voudra au lieu de l'être par le suffrage restreint de huit à neuf cents députés et sénateurs : il n'aura pas plus d'autorité morale et de pouvoir effectif qu'il n'en a aujourd'hui.

Elu par les Conseils généraux, il n'en restera pas moins l'esclave de la Chambre des députés.

Et cela pour deux raisons :

1° Parce qu'il ne sera jamais, lui, que l'élu de quatre ou cinq mille individus, tandis que la

Chambre conservera l'avantage, elle, d'être l'élue du Suffrage Universel ;

2° Parce que les députés, presque tous membres des Conseils généraux ou même présidents ou vice-présidents de ces Assemblées, ne manqueront pas, le jour de l'élection présidentielle, de jouer le rôle de grands électeurs et exerceront ainsi une influence décisive sur les résultats du scrutin.

Absolument stérile en fait d'heureuses conséquences, l'innovation électorale qu'on nous propose n'en aurait que d'absolument déplorables. La principale parmi celles-ci serait d'infuser un nouveau virus politique dans les veines des conseillers généraux. Le mandat d'électeurs sénatoriaux attribué aux membres de nos assemblées départementales dénature déjà et le recrutement de celles-ci qui devrait être fait au seul point de vue des capacités administratives, et leur fonctionnement qui ne devrait être troublé par aucune question de parti.

Leur donner par surcroît le mandat d'élire le Président de la République, ce serait les transformer tout à fait en comités électoraux dont les membres, uniquement choisis pour leurs opinions, ne le seraient plus pour leur valeur.

Au lieu de vouloir aggraver le mal, nos honnêtes revisionnistes feraient mieux de songer à le supprimer radicalement.

Ce qui veut dire qu'au lieu d'attribuer aux conseillers généraux le mandat de nommer le Président de la République, il faudrait les dépouiller — eux et aussi les délégués des municipalités — du mandat dont ils sont investis depuis plus de vingt-cinq ans, d'élire les sénateurs. Il faudrait, en un mot, enlever aux Conseils généraux et aux

Conseils municipaux toutes les attributions politiques que leur confère indûment l'absurde Constitution de 1875 et les forcer ainsi à se renfermer strictement dans le cercle de leurs attributions naturelles qui sont de gérer nos affaires locales et régionales le plus conformément possible à nos vœux et à nos intérêts. C'est ce que doivent demander avec une insistance toute particulière ceux qui, de plus en plus nombreux, sont partisans d'une sage décentralisation administrative et d'une réorganisation régionale substituée à l'organisation départementale actuelle.

Nous ne discuterons pas le projet qui conclut à l'élection du Président par un collège spécial autre que l'Assemblée des Conseillers généraux, car il est trop manifestement absurde.

Le recrutement de ce corps électoral étant purement arbitraire, il est facile de comprendre ce que serait, vis-à-vis des Chambres et vis-à-vis du Peuple, l'autorité d'un Président ainsi nommé.

A la fois étranger au pays et à la représentation nationale, il ne pourrait, en cas de conflit, s'appuyer ni sur celui-là, ni sur celle-ci, ni être porté par un large courant d'opinion, ni lui résister. Le pouvoir parlementaire et la masse populaire ne tarderaient pas à le traiter, sinon en ennemi, du moins en intrus.

Pour résumer ce qui vient d'être dit, nous ajouterons que le vice commun et capital de tous ces projets de revision constitutionnelle, c'est qu'ils méconnaissent totalement un principe essentiel de logique démocratique.

Ce principe est celui-ci :

Dans un pays démocratique comme le nôtre,

chaque fois qu'on met en présence deux pouvoirs constitués qui émanent, l'un du Suffrage universel direct, l'autre d'un Suffrage restreint quelconque, celui-ci finit toujours par être pratiquement annihilé par celui-là. Par conséquent, pour contenir dans les limites de ses attributions naturelles un pouvoir constitué issu du Suffrage universel, pour lui faire contrepoids, il faut un autre pouvoir issu, lui aussi, du Suffrage universel.

3° Election du Président par le suffrage universel à deux degrés.

Il est enfin quelques revisionnistes qui demandent que le Président soit le Chef effectif et responsable du gouvernement et qu'il soit élu par le Suffrage universel à deux degrés.

La mission des quelques centaines d'*électeurs présidentiels* se bornant à nommer officiellement le Président, et, d'autre part, ces électeurs présidentiels recevant du suffrage universel direct qui les choisit une sorte de mandat impératif de proclamer Président telle ou telle personnalité dont la candidature aurait été officiellement posée devant le pays tout entier dès le début de la campagne électorale, il suit de là que les électeurs présidentiels ne seront, pour ainsi dire, que des bulletins vivants et que, au point de vue du résultat, le suffrage à deux degrés sera, dans la plupart des cas, l'équivalent du Suffrage direct. Aussi, bon nombre de sincères démocrates l'accepteraient-ils volontiers.

Si cette complication, absolument inutile, du mécanisme électoral était l'unique défaut du Suffrage à deux degrés, les patriotes antisémites pourraient, à la rigueur, s'en accommoder. Mais ce qui ne leur permet pas de s'en contenter, c'est qu'il peut arriver que, grâce à certains groupements de voix, lors de la désignation des électeurs présidentiels par tous les citoyens, le suffrage à deux degrés produise des résultats absolument contraires à ceux que produirait le suffrage direct.

Pour faire toucher du doigt la possibilité du fait, supposons une petite république comptant 100,000 électeurs divisés en dix circonscriptions de 10,000 électeurs chacune. Le Président y est élu périodiquement par le Suffrage universel à deux degrés et les dix circonscriptions nomment chacune un délégué pour l'élection présidentielle.

Admettons, bien entendu, le vote obligatoire et la totalité des électeurs ayant voté.

Supposons encore, pour simplifier notre démonstration, qu'il n'y ait en présence que deux candidats, M. Durand et M. Lafont.

Le scrutin donne les résultats suivants :

CIRC.	CHAMPIONS DE DURAND	CHAMPIONS DE LAFONT
1°	3.900 voix	5.100 voix, Elu
2°	6.400 voix, Elu	3.600 voix
3°	4.600 voix	5.400 voix, Elu
4°	3.700 voix	6.300 voix, Elu
5°	4.900 voix	5.100 voix, Elu
6°	7.200 voix, Elu	2.800 voix
7°	3.600 voix	6.400 voix, Elu
8°	5.700 voix, Elu	4.300 voix
9°	7.800 voix, Elu	2.200 voix
10°	4.200 voix	5.800 voix, Elu
	52.000 voix, 4 élus	47.000 voix, 6 élus

Lafont, ayant pour lui six délégués sur dix, sera élu, bien que la somme de voix obtenues par ses champions dans les dix circonscriptions soit inférieure à la somme de voix obtenues par ceux de son concurrent Durand.

Lafont, l'élu du suffrage à deux degrés, ne sera donc que l'élu *de la minorité;* le suffrage universel, directement consulté, aurait nommé Durand.

Nous nous dispensons de commentaires; les chiffres sont assez éloquents et nous faisons remarquer qu'ils ne sont pas exagérés et que la différence des voix obtenues dans chaque circonscription est très vraisemblable. S'il est vrai que le fait ne se produirait pas à chaque élection, s'il est vrai qu'il ne se produirait même que très rarement, il n'en est pas moins certain qu'il peut se produire, et cela suffit pour que nous ne voulions pas du Suffrage à deux degrés.

Nous n'ignorons certes pas que c'est ce mode de scrutin qui est employé aux Etats-Unis pour l'élection du Président. Mais quelque vive et sincère que soit notre admiration pour les institutions politiques de la grande République américaine, nous ne pouvons pas perdre de vue qu'elles sont vieilles de plus de cent ans. Aussi, trouvons-nous tout naturel que sur certains points elles aient besoin d'être rajeunies. C'est ce que l'on pense en Amérique même, où grossit chaque jour, si nos renseignements sont exacts, le nombre de ceux qui demandent et l'emploi *obligatoire* du Suffrage universel *dans tous les Etats de l'Union* pou la nomination des sénateurs, et l'usage, pour l'élection du Président, du suffrage direct tel qu'il existe déjà pour l'élection des Gouverneurs d'Etat et pour celle des Maires.

D'ailleurs, quand la France emprunte à un peuple étranger quelqu'une de ses institutions ou quelqu'un de ses usages, elle ne doit pas se contenter de les copier servilement : elle doit les perfectionner en les adoptant.

Conclusion pratique de cette longue dissertation sur les divers projets de revision : la Constitution de 1875 n'est pas à modifier ; elle est à supprimer purement et simplement.

Le système républicain est celui dont les patriotes antisémites doivent se déclarer les partisans. Son économie.

Quel est donc le système gouvernemental par lequel nous devons la remplacer ? Nous l'avons déjà laissé entendre assez clairement, c'est le système républicain-plébiscitaire.

L'économie de ce système peut se résumer en deux mots :

Suffrage universel direct pour toutes les élections, sans exception aucune.

Referendum ou plébiscite proprement dit.

En d'autres termes, s'il nous est permis d'emprunter une comparaison au vocabulaire des architectes, l'édifice constitutionnel construit selon le principe républicain plébiscitaire comporte :

I. — A la base, le REFERENDUM OU PLÉBISCITE

proprement dit, lequel peut être employé dans les deux cas suivants :

a) Lorsqu'il y a DÉSACCORD PERSISTANT, relativement à n'importe quelle affaire ou question (par exemple : loi, projet de loi, mesure administrative prise ou à prendre), entre le Parlement et le Président ;

b) Lorsque cette consultation populaire directe est demandée, relativement à une question donnée, par voie de pétition signée d'un nombre relativement élevé ET LÉGALEMENT déterminé d'électeurs inscrits, du cinquième, par exemple, du total des inscrits.

La logique du système implique, en outre, que la faculté d'élaborer et de présenter des projets de loi soit accordée non seulement aux membres du Parlement et du Chef de l'Etat, mais encore aux groupements passagers ou permanents de simples citoyens, tels que syndicats, congrès de diverses sortes, etc. Ces projets émanés de l'initiative privée seront soumis au Parlement, soit d'office par le secrétariat, soit par un ou plusieurs députés qui auront accepté de s'en charger.

II. — Au milieu, un PARLEMENT, réduit à une Assemblée unique ou composé de deux Chambres, mais, en tous cas, élu tout entier par le Suffrage universel direct et chargé :

a) De légiférer le plus conformément possible aux vœux et aux intérêts de la nation ;

b) D'exercer un contrôle direct sur les actes de l'exécutif.

III. — Au sommet, un PRÉSIDENT élu pour un

temps déterminé par le Suffrage universel direct, indéfiniment rééligible, Chef effectif et responsable du pouvoir exécutif et, à ce titre, premier magistrat civil du pays en même temps que commandant suprême de toutes les forces militaires de terre et de mer.

Les ministres ne sont que les auxiliaires et les conseillers techniques du Chef de l'Etat. Pris en dehors des Chambres, choisis par le Président et révocables à volonté, ils ne sont responsables que devant lui. Aucun lien de solidarité n'existe entre eux. Chacun n'a à répondre que du département ministériel que lui a confié le Président (1).

(1) Que le Président s'appelle le général X, ou simplement M. Z., sa double qualité de Chef des administrations civiles et de commandant suprême de l'armée exige qu'il porte un uniforme dans les circonstances officielles. Les soldats, les officiers, les hauts fonctionnaires civils, tels que les préfets et les ambassadeurs, en ont un. Pourquoi le Président serait-il condamné au banal habit noir, lui qui est le premier soldat de la France, le général des généraux, le préfet des préfets ? Ne serait-ce pas souverainement illogique ? D'ailleurs, n'est ce pas un spectacle plus grotesque qu'imposant que celui d'un Chef d'Etat passant une revue en landau et en chapeau haut de forme, c'est-à-dire dans le prosaïque équipage d'un brave notaire qui marie sa fille ? N'est-ce pas une chose absolument contraire aux goûts du Peuple français si amoureux du plumet et du galon ? Enfin le spectacle du Chef de l'Etat en vêtements civils au milieu d'un brillant cortège d'officiers et de hauts fonctionnaires chamarrés donne à l'institution elle-même un air indéniable *de provisoire* qui n'est pas précisément de nature à plaire aux républicains intelligents et convaincus.

Pour des raisons analogues, les ministres doivent avoir, eux aussi, un costume officiel.

1°

Le programme républicain-plébiscitaire est celui de Paul Déroulède. Ce qu'est le plébiscite.

Le système républicain-plébiscitaire est celui dont Paul Déroulède s'est fait l'infatigable champion.

Voici comment, dans son discours-manifeste du 23 mai 1901, il en résume l'économie :

« 1° Plébiscite de création ou d'élection, soit par « scrutin national, soit par scrutin départemental « pour tous les représentants du Peuple, le Prési- « dent de la République étant, lui aussi, un re- « présentant du Peuple.

« 2° Plébiscite de consultation ou d'arbitrage « lorsqu'il y a conflit entre le Président de la Ré- « publique et les Chambres.

« 3° Plébiscite de protestation ou d'évocation, « le jour où le Peuple, désireux d'obtenir soit le « retrait d'une loi qu'il croit mauvaise, soit le vote « immédiat d'une loi qu'il croit bonne, évoque « devant lui l'affaire par un pétitionnement. »

Dans ce même discours, Paul Déroulède précise sa pensée relativement à ce plébiscite d'évocation en disant « qu'il ne pourra avoir lieu qu'à la suite « d'un pétitionnement réunissant un nombre de

« signatures au moins égal au tiers ou aux deux
« cinquièmes des électeurs inscrits : l'importance
« du chiffre des pétitionnaires servant alors de
« base à l'importance du motif de la pétition. »

Comme on peut le voir par cette courte citation,
le programme politique et constitutionnel sur
lequel nous pressons les antisémites et les nationalistes de se grouper, n'est autre que celui que
préconise l'auteur admirable des *Chants du
soldat*.

Paul Déroulède appelle plébiscite d'arbitrage et
de protestation cette consultation populaire directe
que l'on appelle assez communément referendum.
Mais, au fond, il se préoccupe de la chose elle-
même beaucoup plus que du nom par lequel on la
désigne. « Comme en fait, dit-il dans le *Drapeau*
« du 29 mai 1901, l'étiquette importe moins que
« la liqueur, je suis prêt à approuver, sans restric-
« tion, quiconque accepte le plébiscite intégral,
« même déguisé en referendum.... Va pour referen-
« dum, si referendum signifie élection du Prési-
« dent de la République par le suffrage universel,
« *Appel au Peuple*, en cas de conflit entre les
« deux pouvoirs exécutif et législatif, *Appel du
« Peuple* (par voie légale de pétitionnement) en
« cas de divergences de vue entre le Peuple et
« ses mandataires. Si le referendum est tout cela,
« vive le referendum. »

Vient ensuite une remarque profondément juste
et sur laquelle il faut appeler l'attention de tous
ceux qui sont désireux d'avoir sur les choses des
notions nettes et précises.

« Le *plébiscite* et le *referendum*, poursuit
« Paul Déroulède, sont *deux mots inséparables*,

« mais qui ne signifient pas du tout la même
« chose. Le *referendum* est, pour ainsi parler,
« la mise en jugement, le référé, le recours au
« juge (*ad populum referendum est*). Le plé-
« biscite est la décision du juge, le jugement. Une
« fois qu'une question est portée devant le Peuple
« par voie de *referendum*, toute réponse faite
« par lui à cette question est un *plébiscite.* »

Rien n'est plus exact, puisque le *plébiscite*
(*scitum plebis*, mot d'origine latine qui se re-
trouve constamment dans la langue politique de
la vieille Rome) n'est pas autre chose, au sens
littéral du terme et en bon français, qu'une *or-
donnance ou décret rendu par le Peuple*, en
sa qualité de souverain.

Il suit de là qu'il n'y a ni *plébiscite* sans *referendum*, ni *referendum* sans *plébiscite*.

De l'étymologie latine, il résulte aussi que ce
n'est que dans un *sens large* que le nom de plébiscite peut s'appliquer à une élection quelconque,
fût-ce à celle du Chef de l'Etat. Cette dernière est
sans doute l'élection capitale, l'élection nécessaire,
l'élection impérieusement exigée par la logique démocratique ; mais, au *sens strict du terme*, elle
n'est pas un *plébiscite* : elle *est une élection*
(*Electio*, c'est-à-dire *action de choisir* un
mandataire entre deux ou plusieurs candidats).

Pris au pied de la lettre, le vote *plébiscitaire*
est le *vote* par lequel le *Peuple souverain
exerce ses droits de législateur.*

2°

Edouard Drumont républicain-plébiscitaire

Certes, quand on est, comme nous le sommes, un partisan convaincu de la République Plébiscitaire, on a le droit d'être fier de marcher à la suite d'un chef tel que Paul Déroulède. Mais il est un homme que nous sommes particulièrement heureux de pouvoir signaler aux patriotes antisémites comme un des apologistes les plus éloquents de ce système gouvernemental si éminemment démocratique. Cet homme n'est autre que le Chef de l'Antisémitisme français, que le créateur, devrions-nous dire plutôt, de l'Antisémitisme international, en un mot, M. Edouard Drumont.

Personne n'a affirmé plus nettement et plus vigoureusement que l'éminent publiciste, les divers points de la doctrine républicaine-plébiscitaire.

Ecoutons d'abord ce qu'il dit sur la **nécessité de l'élection du Président par le Suffrage universel et sur la responsabilité personnelle du Chef de l'Etat.**

— « C'est le Suffrage universel directement consulté « qui devrait élire le magistrat suprême de la Répu- « blique. Chacun sent que de ces trafics parlemen- « taires, il ne peut sortir qu'un faux pouvoir, un « Président sans autorité et sans prestige, prisonnier « de ceux qui l'auront nommé, esclave de ceux qui

« sont appelés à le renommer encore. Ce n'est pas là
« ce que souhaite la vraie France. Une société finan-
« cière n'a besoin que d'un Président, une grande
« nation voudrait un chef (Ed. Drumont, *Libre Parole*
« du mardi 15 mai 1894.)

« — Aux États-Unis, un an avant l'élection présiden-
« tielle, les estrades se dressent partout et des ora-
« teurs y montent pour soutenir le candidat qui a
« leurs préférences ; des comités s'organisent ; les
« journaux prennent parti pour un candidat ou pour
« un autre ; mais ils expliquent chaque jour ce qui
« les a déterminés.

« Il n'y a ni surprises, ni tripotages, ni négocia-
« tions clandestines, et le pays sait parfaitement à
« quoi s'en tenir.

« Chez nous, au contraire, le choix du Président est
« mystérieusement élaboré dans un cénacle de vieux
« politiqueurs qui se concertent d'avance, comme
« des marchands de bric-à-brac avant une vente im-
« portante, et s'inquiètent avant tout de l'intérêt
« qu'ils tireront de l'élection ».

. . . .

« On ne peut comprendre... **que l'acte le plus**
« **important de la vie nationale** s'accomplisse
« dans des conditions qui sentent le marchandage,
« le renfermé et le huis-clos.

« Droit divin ou droit populaire, il n'y a pas de
« milieu pour les Français qui ont conservé leur bon
« sens. **Les combinaisons bâtardes et les sys-**
« **tèmes hybrides ne sont point de notre fait.**
« Il faut que celui qui représente la France soit l'Oint
« du Seigneur ou l'acclamé du Peuple, qu'il se ré-
« clame du Droit ancien ou du Droit nouveau, qu'il
« reçoive l'investiture d'En Haut ou qu'il tienne son
« mandat d'hommes libres qui étaient ses égaux la
« veille. Il faut qu'il soit consacré par la Sainte
« Ampoule dans la cathédrale de Reims ou qu'il soit

« salué Chef sur le Forum par le suffrage des multi-
« tudes.

« En dehors de cela, tout n'est qu'imposture, bas
« trafic et intrigue ».

(Ed. Drumont, *Libre Parole* du lundi 21 mai 1894.)

Avouons qu'il serait difficile de mieux dire.

Parlant de l'énorme majorité accordée au général X., lors du plébiscite organisé par la *Libre
Parole* en juin 1894, Ed. Drumont s'exprime
ainsi :

« Ils (*les suffrages obtenus par le général X.*)
« répondent à la conception **d'innombrables**
« **Français** qui voudraient concilier l'autorité avec
« l'idée de démocratie ; qui admettent très bien la
« coexistence de l'idée d'impérialat avec l'idée de
« république et dont l'idéal est, en un mot, d'avoir
« un Chef dans une république.

« La conception de ces démocrates césariens, re-
« marquez-le, n'est pas une conception d'esclaves
« qui réclament un autocrate ; ils ne demandent pas
« un sabre, ils demandent un homme **ayant le pou-**
« **voir de faire quelque chose et en même**
« **temps un homme qui soit responsable, un**
« **homme auquel on puisse s'en prendre, un**
« **homme qu'on puisse aimer ou haïr,** aller cou-
« ronner au Capitole ou jeter aux Gémonies. » (Ed.
Drumont, *Libre Parole* du samedi 23 juin 1894.)

En maintes circonstances, il revient sur la même
idée.

Dans la *Libre Parole* du mardi 21 février 1895,
au lendemain de l'élection de M. Loubet à la présidence, il écrit :

« Il est évident que rien n'est plus inepte, plus
« illogique, plus funeste au pays que de faire nom-
« mer le Président par les Chambres. **L'Exécutif**

« **devrait, au contraire, apporter dans l'orga-**
« **nisme gouvernemental un élément particu-**
« **lier; il devrait représenter la conception**
« **générale, la pensée maîtresse de la Nation**
« **se dégageant des mille petites coteries cor-**
« **rompues et avides.**

.   .   .   .

« La vérité est que le *consortium* de mercantis qui
« a confisqué la France à son profit ne se doute
« même pas de ce que c'est qu'une République.

« Aux Etats-Unis, un an ou dix-huit mois avant
« l'élection présidentielle, on s'organise, on discute
« le programme et les mérites respectifs des candi-
« dats, on parle sur toutes les estrades, on a des
« réunions dans les moindres villages. Ici, l'élection
« se fait comme une opération de revidage entre
« marchands juifs de l'hôtel Drouot, au fond d'une
« arrière-boutique de marchand de vins. » (Ed.
Drumont, *Libre Parole* du mardi 21 février 1894.)

Dans la *Libre Parole* du mercredi 18 avril 1900,
il qualifie *d'enfantine* l'idée de faire élire le
Président par l'un des divers modes de Suffrage
restreint que nous avons étudiés plus haut. Il ne
veut pas qu'on nous ramène à une sorte de *régime
censitaire et au système des intérêts et des
capacités;* il revendique les droits de la *démocratie aujourd'hui majeure* et constate le
krach du parlementarisme.

Enfin, tout récemment (*Libre Parole* du samedi 6 juillet 1901), résumant en quelque sorte
tout ce qu'il a dit antérieurement, il déclare qu'il
n'y aurait que des avantages à ce que le Président fût élu par le Suffrage universel.

Sur le referendum plébiscitaire l'éminent publiciste n'est pas moins explicite que sur l'élection du président par le suffrage universel.

Il en réclame l'emploi en plusieurs circonstances, notamment pour l'affaire Dreyfus et pour l'Antisémitisme. Il affirme que celui-ci obtiendrait un éclatant triomphe le jour où il serait soumis au referendum.

Enfin, à une date toute récente (*Libre Parole* du lundi 9 septembre 1901), il fait une déclaration de principes aussi nette et aussi catégorique qu'on puisse le désirer.

« Le Peuple, dit-il, n'arrive pas à dire nettement ce
« qu'il veut : il est obligé de se servir d'un inter-
« prète qui ne traduit jamais complètement la pensée
« de celui qu'il représente... Entre ces interprètes
« mêmes et l'électeur s'agitent des politiciens de Co-
« mité qui se sont rendus indispensables, comme
« ces Juifs de Roumanie sans lesquels un paysan
« n'oserait pas vendre une vache. *Il en serait tout*
« *autrement si nous avions le referendum comme en*
« *Suisse*, si on demandait loyalement aux électeurs
« de se prononcer, non sur une individualité quel-
« conque que l'on connaît toujours mal, mais sur un
« point précis sur lequel on a une opinion arrêtée.
« Certaines questions destinées à alimenter pendant
« de longues années des programmes plus ou moins
« variés, et à rester ainsi comme une cause d'agita-
« tion toujours renaissante pour le pays, seraient im-
« médiatement résolues par le *referendum*. Il aurait
« dû en être ainsi de la question des Congrégations,
« de la question de l'Enseignement, de la présence

« des Sœurs dans les hôpitaux, de la séparation de
« l'Eglise et de l'Etat.

« Une fois que la généralité des citoyens se serait
« prononcée, la question serait réglée, la cause serait
« entendue. Nous serions délivrés de ces éternelles
« polémiques, de ces récriminations perpétuelles qui
« ont fini par aigrir les Français, jadis si sociables, et
« les rendre insupportables les uns aux autres.

« En Suisse, on le sait, le droit d'initiative com-
« plète l'exercice du referendum.

« Dès qu'un certain nombre de citoyens demande
« qu'une proposition soit soumise au referendum, il
« est fait droit à leur requête et la consultation du
« pays a lieu.

« Adopter le referendum, comme en Suisse, et im-
« poser le vote obligatoire serait rendre presque
« instantanément la paix sociale à ce pays qui en a
« tant besoin.

**« Tous les Français ne devraient-ils pas
« s'unir aux prochaines élections pour ré-
« clamer cette réforme qui substituerait
« à un régime hybride et bâtard un gouver-
« nement véritablement démocratique. »** (Ed.
Drumont.)

A première vue, ces citations pourront paraître
un peu longues. Nous croyons cependant qu'elles
ont leur raison d'être.

Ecrivant surtout pour les patriotes antisémites,
nous proposant comme but de leur démontrer qu'il
n'y a, humainement parlant, de salut possible pour
nous que par la République-Plébiscitaire, nous
pensons qu'il n'est pas inutile de leur mettre sous
les yeux ce que nous pourrions appeler la profes-
sion de foi républicaine-plébiscitaire du Chef de
l'Antisémitisme français.

3°

La plupart des républiques sont plébiscitaires. Le plébiscite, la démocratie et Saint Thomas d'Aquin.

A la vérité, les faux démocrates, qui vivent du parlementarisme, affectent de considérer comme purement utopique la doctrine politique que nous exposons ici et au triomphe de laquelle Paul Déroulède a consacré sa vie. Le malheur est pour ces gens-là que l'histoire contemporaine leur donne un éclatant démenti, en ce sens que la plupart des Républiques sont plébiscitaires, principalement celles qui, au moment présent, font grande et belle figure dans le monde, telles que les Etats-Unis, l'Orange, le Transvaal, et que, par contre, la République parlementaire de la France est à peu près la seule de son espèce.

D'ailleurs, une République vraiment démocratique ne peut être que plébiscitaire. C'est ce que l'on enseignait dès le Moyen-Age, dans les Ecoles philosophiques et théologiques.

Le plus illustre docteur du XIIIe siècle, celui que tous les catholiques considèrent encore comme l'oracle de la science théologique, saint Thomas d'Aquin, définit le régime républicain démocratique comme nous le définissons nous-même :

« C'est, dit-il, celui où le pouvoir souverain appar-
« tient à la nation et est exercé par elle, celui où
« la nation se gouverne elle-même. » Et il ajoute
« *que le propre de ce régime est ceci : que les*
« *lois y sont faites par voie de plébiscite.* »

Il trouve ce régime tout à fait rationnel : « Puis-
« que, dit-il, il est de l'essence de la loi d'être
« édictée en vue du bien de tous, il s'ensuit que
« travailler au bien de tous appartient à tous et
« que le pouvoir législatif appartient à la nation ».

Il est intéressant de connaître ce que nous pourrions appeler les *préférences politiques* de cet
illustre moine philosophe du Moyen-Age. Tout
d'abord il veut « que *tous les membres* de la
« société civile aient une certaine part au gouver-
« nement. C'est, dit-il, le meilleur moyen de con-
« server la paix publique, car il est tout naturel
« que la nation désire le maintien d'une pareille
« forme politique ».

Or, quelle est, d'après lui, l'organisation qui
répond le mieux à cet idéal ? « C'est, dit-il, celle
« qui comprend un Chef suprême, présidant à
« tous, et, au-dessous de ce chef, un certain nombre
« d'hommes partageant avec lui le pouvoir. »
« Avec une pareille combinaison, ajoute-t-il, le pou-
« voir, en réalité, *appartient à tous puisque*
« *tous sont électeurs et que tous peuvent être*
« *élus.* »

Outre cela, il est d'avis que cette organisation
idéale ne sera complète qu'autant « *que les lois*
« *élaborées par les chefs de la nation seront*
« *revêtues de l'approbation du Peuple.* »

Avons-nous le droit de revendiquer saint Thomas d'Aquin comme l'un des nôtres, nous, parti-

sans zélés de la République plébiscitaire ? Nous ne poussons pas nos prétentions jusque-là. Nous nous contentons de constater ce fait, que ce moine du XIIIe siècle possédait du régime démocratique une notion autrement exacte que bon nombre de soi-disant républicains de ce commencement du XXe siècle.

Le système républicain plébiscitaire est celui qui répond le mieux aux aspirations populaires.

Préconisée par d'éminents publicistes, servie par des personnalités qui sont l'honneur de leur patrie, mise en pratique dans tous les pays vraiment démocratiques, application adéquate du principe de la souveraineté nationale, la République plébiscitaire possède encore un autre avantage qui est bien le plus précieux de tous : celui d'être le système gouvernemental qui répond le mieux aux aspirations populaires.

Et ceci n'est pas une affirmation gratuite.

Essayez, en effet, d'analyser le concept que l'on a, dans le Peuple, de la nature du pouvoir et de son organisation. Dans ce concept vous découvrirez deux sentiments, plus instinctifs peut-être que raisonnés, mais très réels :

Le premier est celui-ci : Que la loi ne doit pas

être autre chose que l'expression de la volonté générale, et que le seul souverain, en France, c'est le Peuple. Que de fois n'avez-vous pas surpris sur les lèvres des personnes avec qui vous avez eu l'occasion de causer, des phrases comme celle-ci :

« Si l'on faisait voter sur telle ou telle chose,
« je me prononcerais dans tel ou tel sens, ce serait
« telle ou telle solution qui aurait la majorité, etc. »
Des phrases de ce genre peuvent passer inaperçues des observateurs superficiels. Leur retour fréquent dans la conversation n'en est pas moins la manifestation spontanée d'un état d'esprit profondément enraciné.

Le second des deux sentiments que nous venons de signaler est celui de la nécessité d'un vrai chef — nous disons d'un chef et non d'un maître — à la tête du gouvernement.

Les cerveaux de nos paysans et de nos ouvriers sont absolument réfractaires à la notion absurde d'un chef d'Etat réduit, entre les mains de ses ministres, au rôle passif de machine à signatures. Certes, ils ne sont pas dynastiques, mais ils veulent un chef qui gouverne, un chef qui porte la responsabilité du pouvoir devant la nation elle-même. Et ils entendent que ce chef reçoive son mandat directement des mains du Peuple, et qu'il soit investi par lui d'une haute autorité et d'un grand prestige.

Bref, comme le constate Drumont dans l'article que nous citons plus haut, l'idéal *d'innombrables Français*, l'idéal des masses pouvons-nous dire, en fait de gouvernement, est une République avec un chef responsable, élu par tous les citoyens et fort de la confiance populaire. L'enthousiasme avec lequel on acclama Boulanger, il y a douze ans, n'a pas été autre chose que la manifestation d'un sentiment profondément gravé dans l'âme populaire.

Que les patriotes antisémites prennent donc en mains la cause du régime républicain-plébiscitaire. Sur ce terrain la masse des électeurs les suivra, ceux de gauche comme ceux de droite. Ils ne trouveront comme adversaires que quelques orléanistes endurcis et quelques jacobins de l'extrême-gauche. Car il ne faut pas se le dissimuler, dans le Peuple il y a, relativement à la question de forme gouvernementale, beaucoup plus de malentendu que de désaccord réel.

Les électeurs républicains reconnaissent très bien que la Constitution actuelle n'est qu'un succédané de la monarchie orléaniste. Ne voulant ni de l'hérédité dynastique ni du socialisme, ils la subissent mais ils ne l'aiment pas. Quant à ceux qui ont suivi, jusque dans ces derniers temps, le drapeau de *l'Union conservatrice* — nous parlons du gros des électeurs et non point des états-majors politiques — ils ne sont pas, pour la plupart, moins démocrates que ceux qui s'appellent eux-mêmes les purs républicains. S'ils ont voté jusqu'ici contre le gouvernement actuel ce n'est nullement par attachement au principe dynastique, c'est uniquement parce que le gouvernement actuel viole tous les principes sur lesquels il prétend s'appuyer.

Restent les électeurs qui votent pour les meneurs socialistes. Bon nombre d'entre eux ne sont nullement des révolutionnaires. Ce sont des mécontents. Sans doute ils se disent qu'il y aurait bien des réformes économiques et sociales à opérer. Mais il n'en reste pas moins vrai que la notion du *tien* et du *mien* est une de celles qui restent les plus profondément gravées dans leur cerveau.

L'appui qu'ils donnent au socialisme n'est qu'un calcul. Ne voulant, à aucun prix, de la dictature collective et anonyme que nous subissons, déçus dans les espérances qu'ils avaient mises en Boulanger, ne voyant rien poindre à l'horizon, ils se disent que le meilleur moyen de sortir d'une situation intolérable, c'est de faire arriver à la Chambre une majorité socialiste. Ils pensent que celle-ci ne restera pas six mois maîtresse du Pouvoir et que le mouvement de réaction provoqué par les sottises qu'elle ne manquera pas de commettre, sera tellement fort, tellement irrésistible, que le libérateur attendu surgira, en quelque sorte, par la force même des choses, fatalement, nécessairement.

Libre à chacun d'apprécier ce calcul, mais nous sommes en mesure d'affirmer que ceux qui le font, surtout parmi nos électeurs ruraux, deviennent de plus en plus nombreux. C'est ainsi que, pour notre part, nous connaissons, dans un département voisin de la Gironde, plus d'un brave paysan qui, au sortir de la messe, est allé, il y a quatre ans, déposer dans l'urne, et cela de propos délibéré, le nom d'un ancien communard.

Tout cela revient à dire que cette classification d'après laquelle la statistique officielle nous divise en *Républicains*, en *Conservateurs*, en *Opportunistes*, en *Socialistes*, etc., est chose factice et toute de surface, et que le sentiment qui, au point de vue politique, domine en nous tous les autres, c'est le sentiment — nous allions dire l'instinct — plébiscitaire.

Puissant attrait qu'exercera sur l'âme populaire le système Républicain-Plébiscitaire.

Comment, d'ailleurs, n'en serait-il pas ainsi ? Le principe républicain-plébiscitaire rigoureusement appliqué n'a-t-il pas tout ce qu'il faut pour séduire un Peuple comme le nôtre, un Peuple doué d'un merveilleux bon sens et ayant au plus haut point le sentiment de ses droits.

Quelles ne sont pas, en effet, les conséquences de ce principe ! Tout d'abord, le referendum plébiscitaire sera, entre les mains du Peuple, comme un puissant instrument de précision à l'aide duquel il pourra obtenir les réformes économiques et sociales que les politiciens de toute école lui promettent toujours et ne lui accordent jamais. Par le referendum plébiscitaire le Peuple pourra dicter ses volontés souveraines, non plus d'une façon vague et équivoque, mais d'une façon précise et adéquate. On ne pourra plus, dès lors, ni lui refuser ce qu'il réclamera, ni lui imposer ce qu'il ne voudra pas.

Quant aux intérêts religieux et sociaux, loin de leur être funeste, le referendum sera pour eux la meilleure des sauvegardes. Ce qui nous autorise à croire qu'il en sera ainsi chez nous, c'est ce qui se passe dans les pays où fonctionne déjà ce mode de consultation populaire directe, en Suisse, par exemple.

Là le Peuple se montre infiniment plus sage que ses représentants. Lorque ceux-ci adoptent un projet inspiré par l'esprit jacobin et sectaire, le vote

plébiscitaire le repousse presque toujours et se
prononce pour les idées de modération, d'équité
et de liberté.

Ce fait, d'ailleurs, ne doit pas nous étonner. Ce
sont les masses, comme l'a fait justement remarquer M. Georges Thiébaud dans sa belle conférence
sur le *Parti protestant*, qui sont conservatrices
dans le sens élevé du terme. Ce sont, au contraire,
les élites cultivées qui sont révolutionnaires, c'est-
à-dire hostiles aux vieilles traditions de race.

D'autre part, le recours au suffrage universel
direct pour toutes les élections satisfera au plus
haut point celui de tous les sentiments qui est le
plus puissant dans l'âme française, le sentiment
égalitaire.

En troisième lieu, la responsabilité du président,
élu par le Suffrage universel, assurera au pays ces
avantages, dont le bon sens populaire fait si grand
cas et que le parlementarisme est impuissant à lui
donner : l'unité d'action et l'esprit de suite dans la
haute administration de l'Etat ; la stabilité des ministres et leur indépendance vis-à-vis les sollicita-
tions des députés en quête de faveurs pour leurs
amis et de vexations administratives pour leurs
adversaires ; la présence, à la tête du gouvernement,
d'un chef qui, fort de la confiance populaire, peut
être, dans un moment de désarroi général, la tête
et le bras de la nation.

Une chose, enfin, qui est évidente pour tous, c'est
qu'une fois en possession de ces deux droits primor-
diaux, celui de confirmer, de modifier ou d'abroger
les *articles et clauses de la Constitution* et
celui de *nommer le Chef de l'Etat*, le Peuple
sera pleinement le maître de ses destinées, et cela

non plus seulement une fois tous les quatre ans, mais sans interruption et toujours. Dès lors, il ne subira plus ni la domination d'une caste, ni la dictature d'une oligarchie parlementaire.

Le Parlement ne pourra plus transformer la République en Monarchie, comme il a failli le faire en 1873-1874, et comme il pourrait le faire demain, ni élever à la première magistrature de l'Etat un homme qui serait vu de mauvais œil par la nation entière. Bref, le Peuple sent d'instinct que c'est grâce au *referendum plébiscitaire* et à l'emploi du *Suffrage universel pour toutes les élections* que la souveraineté nationale sera enfin une vérité.

Que les patriotes antisémites aillent donc au Peuple ; qu'ils insistent sur l'énorme différence qui existe entre la République plébiscitaire dont ils veulent doter le pays et la République bâtarde que nous donne la Constitution de 1875.

En peu de temps, ils gagneront la confiance des masses et réussiront à les grouper autour de leur drapeau. Nous ne répétons pas ce que nous avons dit déjà sur la nécessité qu'il y a pour eux d'avoir un programme politique comme ils ont déjà un programme social. Nous nous contenterons d'ajouter que dénoncer les méfaits des Juifs ne leur suffira pas pour conquérir les suffrages populaires. Car il faut bien le dire, si dans les masses on éprouve envers les juifs un sentiment qui est tout le contraire de la sympathie, on est encore loin d'avoir une idée exacte et précise du mal qu'ils font à la société française.

Le système Républicain-Plébiscitaire sera un puissant instrument d'action entre les mains des patriotes antisémites.

Ajoutons que le jour où les patriotes antisémites seront au pouvoir, le système républicain-plébiscitaire sera entre leurs mains un puissant instrument d'action. Car il n'y a qu'un pouvoir exécutif fort, résolu et agissant avec méthode, qui puisse attaquer de front la Juiverie toute-puissante. D'un autre côté, pour soutenir énergiquement cette lutte, dérouter les intrigues et briser les résistances, le pouvoir exécutif aura besoin d'être vigoureusement soutenu par l'assentiment national. Or, quel est le pouvoir exécutif qui seul réalisera cette double condition ? C'est celui qui sera personnifié par un Président responsable et élu par le suffrage universel. Dirigée par une volonté unique, l'action gouvernementale ne sera pas incohérente et faible comme elle l'est fatalement lorsque le pouvoir exécutif est aux mains d'une collectivité.

D'autre part, l'élection du Chef de l'Etat sur un programme déterminé entraînera logiquement l'élection d'un Parlement dont la majorité aura accepté le même programme.

Il y a plus. Dans le cas où l'or et les manœuvres de la Juiverie réussiraient à exercer au sein du Parlement leur malfaisante influence de façon telle que les représentants du Peuple se montrent hésitants ou refusent nettement de soutenir l'action du Chef de l'Etat, celui-ci aura, grâce au referendum plébiscitaire, la ressource de solliciter l'appui direct du Peuple lui-même et les chances les plus sérieuses de l'obtenir.

Sans doute, le Peuple ne comprend pas encore, comme du reste nous venons de le dire, la gravité du péril juif. Mais il n'aime pas les fils de Juda.

Aussi que la voix du Chef de l'Etat, entravé dans son œuvre de défense sociale par un Parlement devenu l'instrument et le protecteur d'Israël, fasse appel au Peuple, l'éclaire et le prenne pour juge : on peut être certain que le Peuple entrera directement en scène et, par son vote plébiscitaire, rendra vaines toutes les machinations judéo-parlementaires, c'est-à-dire donnera au Chef de l'Etat les pleins pouvoirs dont celui-ci aura besoin.

L'histoire et la logique sont d'accord pour nous enseigner que pour réaliser un projet comme celui que méditent les patriotes antisémites, deux choses sont absolument nécessaires : l'action énergique et persévérante d'un homme et l'assentiment d'un Peuple.

Le système républicain-plébiscitaire instrument de réformes économiques et de progrès social.

On vient de voir que le système républicain-plébiscitaire sera entre les mains de la nation comme une arme éminemment propre à briser la puissance juive.

Il nous reste à le montrer fonctionnant comme instrument de réformes économiques et de progrès social.

C'est ce que nous allons faire à l'aide de quelques exemples judicieusement choisis.

Un premier fait à noter c'est que, grâce à la faculté de présenter des projets de loi, accordée aux groupements passagers ou permanents de simples citoyens, les initiatives les plus fécondes pourront se produire au sein des Congrès et des syndicats, et les projets les plus sages y être élaborés.

D'autre part, lorsqu'un de ces projets, émanés de l'initiative privée, répondra aux vœux réels d'une partie considérable de la nation, il suffira de quelques semaines pour que s'organise dans toute

la France un pétitionnement demandant que ledit
projet sois soumis au vote plébiscitaire et pour
que soit recueilli le quantum de signatures *légalement* nécessaire pour forcer le gouvernement à
soumettre l'affaire à la nation.

Ainsi, en assez peu de temps, l'on saura si la
nation accepte le projet ou ne l'accepte pas.

Et il en sera ainsi soit pour les lois déjà en
vigueur, soit pour les projets émanés de l'initiative
parlementaire ou gouvernementale. Prenons comme
exemples la laïcisation scolaire et le projet Doumer-
Bourgeois relatif à l'impôt sur le revenu.

La laïcisation scolaire a provoqué de violentes
polémiques. On a soutenu et l'on soutient encore
qu'elle ne répond pas aux sentiments vrais du pays.
Avec la Constitution républicaine-plébiscitaire nous
saurons très vite à quoi nous en tenir là-dessus.

Les adversaires de cette laïcisation organiseront
un pétitionnement pour obtenir que la nation soit
consultée sur la question de savoir si elle veut ou
ne veut pas le rétablissement dans les écoles
publiques de la prière et de l'enseignement religieux.

S'ils ne recueillent pas le *quantum légal* de
signatures on pourra conclure de là que la nation
accepte le *statu quo.*

Si le chiffre des signatures est assez élevé pour
que le gouvernement soit *légalement obligé* de
soumettre la question au vote plébiscitaire, il n'y
aura qu'à attendre le résultat de la consultation
nationale.

Relativement au projet Doumer-Bourgeois, supposons que la Chambre l'accepte tandis que le
Président responsable le repousse et le frappe de
son veto suspensif et conditionnel, c'est-à-dire

use du *droit à lui conféré par la Constitution* de lui refuser *sa sanction pendant un laps de temps légalement déterminé*, par exemple jusqu'à la prochaine session législative.

Si ledit projet est réellement populaire, un vote plébiscitaire provoqué par l'initiative privée, c'est-à-dire par le pétitionnement *légal*, interviendra bien vite pour annuler le veto présidentiel et forcer le Chef de l'Etat à accorder sa sanction.

Mais admettons que la nation laisse tranquillement passer le délai du veto présidentiel sans intervenir. Le jour où ce délai sera expiré, le Président *sera obligé* — si la Chambre persiste à maintenir son projet et s'il s'obstine, lui, à ne pas le sanctionner — de soumettre d'office la question au vote plébiscitaire.

Ainsi, sur toute question importante qui viendra à être soulevée, on pourra savoir très vite et d'une façon précise ce que veut l'opinion publique et ce qu'elle ne veut pas.

**

La mévente des vins ruine en ce moment-ci toute une vaste région de la France, c'est-à-dire le Midi.

Les viticulteurs de cette région se réunissent en un vaste Congrès et élaborent un projet qui, en protégeant les vins français contre la double concurrence des vins étrangers et des vins artificiels, mettra fin à cette mévente désastreuse.

Les députés de la région se chargent naturellement de présenter et de soutenir le projet susdit au Parlement.

Mais, par malheur, la culture de la vigne se trouve être, dans un grand nombre de nos départements français, ou d'importance tout à fait secondaire ou à peu près complètement inconnue.

Il est donc à redouter que les revendications pourtant si légitimes du Midi ne soient accueillies qu'avec indifférence par la plus grande partie du Parlement. Et cela d'autant plus que les représentants des départements où la récolte du vin est ou complètement nulle ou quantité absolument négligeable, savent très bien que les électeurs du Midi ne pourront pas les châtier de leur mauvais vouloir ou de leur incurie.

Quelle resssource reste-t-il alors aux viticulteurs du Midi et à leurs représentants ?

Une seule, mais très importante, celle de s'adresser directement au Président de la République. Celui-ci ne se désintéressera pas, car il sait très bien que pour être réélu il aura besoin des voix du Midi comme de celles des autres régions. Il prendra donc en main les intérêts des départements méridionaux et usera de toute sa haute influence pour faire voter les mesures protectionnistes que réclament ceux-ci. — Si par un inexplicable parti pris, si par impossible le Parlement se refusait à faire droit aux revendications du Midi, le Président pourrait pousser jusqu'aux extrêmes limites l'usage de son droit constitutionnel, c'est-à-dire faire siennes les revendications du Midi et, passant par dessus la tête du Parlement, essayer de les faire convertir en loi par un vote plébiscitaire en adressant un solennel appel aux sentiments de solidarité qui doivent unir tous les Français.

C'est dans les cas de ce genre qu'apparaît avec le plus d'évidence la nécessité d'un Chef d'Etat élu par le suffrage universel.

Seul le Président élu par le vote de tous les citoyens représentera la France prise dans son ensemble. Ayant besoin, pour être réélu, des voix des Français du Midi comme des voix des Français du Nord, il sera obligé de chercher à concilier tous les intérêts et devra s'efforcer de donner satisfaction à telle ou telle partie de la population, sans porter préjudice à telle ou telle autre.

Avec le régime actuel, au contraire, c'est-à-dire avec le Président irresponsable et élu par le suffrage restreint des députés et des sénateurs, si les départements sont représentés la France elle-même ne l'est pas. Chaque député ou sénateur se préoccupe de conserver les bonnes grâces des quelques centaines ou des quelques milliers d'électeurs qui l'ont nommé, mais il se désintéresse à peu près complètement des autres.

*
* *

Qu'on ne nous dise pas qu'on finira par fatiguer la nation en la faisant voter si souvent. La nation n'usera du vote plébiscitaire que relativement aux grandes questions qui seront de nature à intéresser la masse des citoyens.

Quand deux millions de citoyens sur un total de dix millions — c'est-à-dire le cinquième des citoyens — demanderont que telle ou telle affaire soit l'objet d'un referendum plébiscitaire, il sera hors de doute que cette affaire intéresse le gros public.

Il est vrai que le Chef de l'Etat pourra, de sa propre initiative, décréter le vote plébiscitaire.

Mais ce ne sera jamais, comme on a pu le voir, qu'après un *désaccord persistant* avec le Parlement, c'est-à-dire après plusieurs discussions contradictoires en plein Parlement et, s'il s'agit d'un projet voté par le Parlement et désapprouvé par le Président, à la suite d'un veto présidentiel dont la durée pourra être de plusieurs mois.

Or il sera impossible, on voudra bien le reconnaître, que le Parlement et le Président puissent, pendant plusieurs semaines ou plusieurs mois, rester en désaccord sur une question importante sans que l'attention de la nation soit éveillée et sans que divers courants d'opinion finissent par se former.

Alors, quoi de plus naturel que le vote plébiscitaire intervenant à un moment donné pour trancher le différend ?

La moindre discussion ne peut surgir dans la presse et dans les assemblées sans que politiciens et journalistes invoquent à l'envi l'autorité de l'opinion publique.

« L'opinion publique exige ceci, l'opinion publique demande cela », tel est le refrain que l'on entend constamment. Avouons que pour savoir exactement ce que veut l'opinion publique et ce qu'elle ne veut pas, il n'y a pas comme de la consulter par voie de vote plébiscitaire.

Lors des élections législatives nous avons cent fois pour une entendu nos paysans et nos ouvriers faire la réflexion suivante : « Les candidats nous « font tous de magnifiques promesses, mais, une « fois élus, ils en font ce qu'ils veulent. Les affaires « vont de plus en plus mal mais nous ne savons à « qui nous en prendre. »

Voilà comment le bon sens populaire flétrit le vice caractéristique du régime actuel.

Avec le régime républicain–plébiscitaire les électeurs n'auront plus à formuler de telles plaintes. L'élection présidentielle sera l'élection capitale, ainsi que nous avons déjà eu l'occasion de le dire.

Chaque candidat fera un programme. Mais l'élu ne pourra pas se dérober à ses promesses comme le font et peuvent le faire les députés. Il n'aura pas, comme ces derniers, lorsqu'ils se représentent devant leurs électeurs, la ressource de dire qu'il n'est pas le maître tout seul et qu'il est obligé à compter avec ses collègues.

S'il trouve la Chambre hostile à tel ou tel point de son programme, il n'aura qu'un parti à prendre, soumettre la question au vote plébiscitaire en invitant le Peuple à annuler l'opposition de la Chambre.

S'il paraît peu pressé de réaliser telle ou telle réforme mentionnée dans son programme, les électeurs pourront, par le pétitionnement légal, provoquer un vote plébiscitaire qui le contraindra à s'exécuter.

Quelque désordre enfin viendra-t-il à se produire dans la haute administration de l'Etat : c'est le Président qui en portera les responsabilités. Il sera entendu que c'est à lui de bien choisir ses collaborateurs, d'exercer une active et intelligente surveillance sur tous les grands services publics et de châtier, au besoin, les actes d'imprévoyance ou d'incapacité de ses subordonnés. Bref, le Président sera, dès lors, et devra être un Chef agissant et non plus un cochon à l'engrais.

Nous le savons, de soi-disant démocrates affectent de craindre que le Président de la République-plébiscitaire ne se conduise en vrai dictateur.

Mais en quoi, nous le demandons, des appréhensions de ce genre sont-elles fondées?

N'avons-nous pas vu que, dans ce régime-là, le Président sera obligé de compter et avec le Parlement et avec le Peuple, lequel trouvera dans le vote plébiscitaire le moyen infaillible d'imposer ses volontés souveraines non seulement aux Députés mais encore au Chef de l'Etat lui-même?

On nous parle, il est vrai, de pression et de fraudes électorales. Mais une pareille objection est une niaiserie. Car si la pression et les fraudes électorales ne sont pas impossibles avec le régime républicain-plébiscitaire, nous savons, par l'expérience de *ces vingt dernières années*, que jamais régime ne les a pratiquées avec plus de cynisme et de brutalité que le régime parlementaire actuel.

Ce qu'on redoute, c'est l'immense autorité morale que donnera à un homme le vote solennel de tout un Peuple.

Mais cette autorité morale, d'où la tirera ce Chef ainsi élu, si ce n'est de la confiance populaire? D'autre part, comment pourra-t-il la conserver, cette confiance populaire qui fera sa force? Assurément ce ne sera qu'en gouvernant le plus conformément possible aux vœux et aux intérêts de la nation, c'est-à-dire du plus grand nombre.

Nous le demandons, y a-t-il là quelque chose qui doive effrayer les démocrates dignes de ce nom?

A la vérité, pourvu qu'il sache conserver les sympathies des masses, le Chef de l'Etat pourra braver les colères des coteries.

Mais c'est précisément ce que nous voulons et ce qu'il faut au pays.

C'est justement pour que le Chef de l'Etat, au

lieu d'être l'esclave des coteries, soit l'homme de la nation, que nous voulons qu'il soit élu directement par la nation.

Pour les soi-disant démocrates dont nous parlons, la république démocratique est tout simplement l'exploitation du pays par les coteries et au profit des coteries. — Pour nous elle est tout autre chose : elle est et doit être le gouvernement de la nation par la nation et au profit de la nation.

FIN

Impr. Jean Gainche, 15, rue de Verneuil, Paris